Rosalie Lederle / **Mortuus redhibetur**

Schriften zur Rechtsgeschichte

Heft 28

Mortuus redhibetur

Die Rückabwicklung nach Wandlung im römischen Recht

Von

Dr. Rosalie Lederle

DUNCKER & HUMBLOT / BERLIN

CIP-Kurztitelaufnahme der Deutschen Bibliothek

Lederle, Rosalie:
Mortuus redhibetur : d. Rückabwicklung nach
Wandlung im röm. Recht / von Rosalie Lederle.
— Berlin : Duncker und Humblot, 1983.
   (Schriften zur Rechtsgeschichte ; H. 28)
   ISBN 3-428-05327-3
NE: GT

Vorwort

Diese Arbeit hat im Wintersemester 1981/82 der juristischen Fakultät der Universität Mannheim als Dissertation vorgelegen.

Die Anregung zu dieser Untersuchung erhielt ich von meinem verehrten Lehrer, Herrn Professor Dr. Karl-Heinz Schindler, dem ich für vielfältige Förderung und Unterstützung zu sehr herzlichem Dank verpflichtet bin. Herrn Ministerialrat Professor Dr. Broermann danke ich für die Aufnahme der Arbeit in die Schriftenreihe zur Rechtsgeschichte.

Mannheim, im Oktober 1982

Rosalie Lederle

Inhaltsverzeichnis

Viertes Kapitel

Veräußerung der mangelhaften Sache durch den Käufer   52

Fünftes Kapitel

Die Unmöglichkeit der Rückgabe wegen noxae deditio   61

Sechstes Kapitel

Fugitivus in fuga   64

Einleitung

Die Frage der Risikoverteilung bei den Rücktrittsleistungen gehört zu einem häufig diskutierten Teil des Zivilrechts. Dennoch ist es nicht gelungen, in diesem Bereich vollständige Klarheit zu erzielen. Weder die Entscheidung des Gesetzgebers in § 350 BGB, der den Rücktritt auch dann zuläßt, wenn der Rücktrittsgegenstand durch Zufall untergegangen ist, noch die entgegengesetzte Entscheidung des amerikanischen[1] und französischen[2] Rechts, wonach der Rücktritt von der unversehrten Rückgabe des Gegenstandes abhängig ist[3], kann befriedigen.

Die Regelung des § 350 BGB steht im Konflikt mit dem Gedanken der Gefahrtragung, daß grundsätzlich derjenige die Gefahr für eine Sache trägt, in dessen Obhut sie sich befindet. Das Rückspringen der Gefahr beim Rücktritt erscheint als unbillige Ausdehnung des Gedankens der Rückgängigmachung eines Vertrages zum Nachteil des Rücktrittsgegners.

Andererseits zwingt das amerikanische und französische Prinzip den Rücktrittsberechtigten dazu, für eine Sache zu bezahlen, die er so nicht haben will, nur deswegen, weil die Sache durch Zufall untergegangen ist.

Die Unsicherheit über das rechtspolitisch richtige Prinzip wird im deutschen Recht noch dadurch verschärft, daß bei der Rückabwicklung von Verträgen nach Bereicherungsrecht seit der Ablösung der Zweikondiktionentheorie durch die Saldotheorie[4] und ihrer Weiterbildungen[5], die das Risiko dem Leistungsempfänger auferlegen, nunmehr auch der entgegengesetzte Grundsatz Geltung hat[6]. Durch diese Inkongruenz

---

[1] Vgl. für die Wandlung §§ 2 - 608 (2) des Uniform Commercial Code (UCC) und für den Rücktritt Restatement on Contracts §§ 349, 480, 481.

[2] Art. 1647 Code civil.

[3] Abgesehen freilich von dem Fall, daß der Untergang auf dem Mangel beruhte.

[4] RGZ 54, 137.

[5] Zur Weiterentwicklung der Saldotheorie, insbesondere zur Lehre vom faktischen Synallagma vgl. Flessner, Wegfall der Bereicherung, 124 f., 129 ff., Bergmann-Weidenbach, Die Risikoverteilung bei der Rückabwicklung von Leistungen nach Rücktrittsrecht, Diss. Mannheim 1976, 82 ff. m. w. N.

[6] Auch die Gegner der Saldotheorie stimmen im Ergebnis dem RG zu. Eine Rückkehr zur Zweikondiktionentheorie wird heute allgemein abgelehnt, vgl. dazu Leser, Von der Saldotheorie zum faktischen Synallagma, Diss. Freiburg, 33 m. w. N.

hat die Diskussion über die Risikoverteilung bei der Rückabwicklung
von Verträgen zusätzliche Bedeutung erlangt. Die Kritik richtet sich
dabei weniger gegen die Lösung im Bereicherungsrecht als gegen die
Regelung des § 350 BGB[7]. Der Streit um das richtige Prinzip läßt sich
indessen zurückverfolgen bis auf die Gesetzgebungsgeschichte des § 350
BGB, bei der sich schließlich — gegen gewichtigen Widerspruch[8] — die
gemeinrechtliche Lehre[9] zur Risikoverteilung bei der römischen Wandlungsklage durchsetzte. Im Rahmen des römischen Rechts rückt daher
eine Frage in den Vordergrund, die eine Untersuchung zu rechtfertigen
scheint: Hat die Aussage „*mortuus redhibetur*" in den römischen Quellen tatsächlich die ihr von der gemeinrechtlichen Lehre[10] zugeschrie-
bene Bedeutung der vollen Risikobelastung des Verkäufers? Dann wäre
sie gleichsam die Kehrseite des Grundsatzes „periculum est emptoris",
der mit Perfektion des Kaufes dem Käufer die Preisgefahr auferlegt[11].

Es wird jedoch zu untersuchen sein[12], ob die Gefahrtragungsregel für
die Wandlung, die nur den Tod nennt, nicht lediglich einer besonderen
Situation des Sklavenkaufs Rechnung trägt, zumal da andere Fälle der
gestörten Redhibition eine derart pauschale Risikoverteilung zu Lasten
des Verkäufers nicht erkennen lassen. Eine uneingeschränkte Risikobelastung des Verkäufers müßte auch die Fälle der nicht verschuldeten
Flucht und der noxae deditio erfassen. Bei der Flucht ist jedoch nur
unter bestimmten Voraussetzungen die ersatzlose Redhibition möglich[13].
Und bei der noxae deditio wird die Zulässigkeit der Wandlung auf
einen ganz anderen Gedanken als den der generellen Gefahrtragung
des Verkäufers gestützt[14]. Für den Satz „mortuus redhibetur" freilich
fehlen solche Einschränkungen. Ohne Begründung nehmen die römischen Juristen die Zulässigkeit der Redhibition des Toten an.

Für das Verständnis des Satzes „mortuus redhibetur" muß daher
auch auf das entgegengesetzte Prinzip „*pro vivo habendus est*" einge-
gangen werden. Dieses Prinzip fingiert bei Verschulden des Käufers,

---

[7] Vgl. Bergmann-Weidenbach, m. w. N.

[8] Vgl. Zusammenstellung der gutachterlichen Äußerungen zu dem Entwurf
eines Bürgerlichen Gesetzbuchs II, 143, 207 f.

[9] Motive II, 231, 282, Prot. I, 792 - 794. Vgl. dazu eingehend Leser, Der Rücktritt vom Vertrag, 26 ff., 60 ff.

[10] Vgl. u. a.: Glück, Pandekten XX, 75, Treitschke, der Kaufkontract in besonderer Beziehung auf den Warenhandel nach römischem Rechte und den
wichtigsten neueren Gesetzgebungen, 350 ff., 366 ff., Hanausek, Die Haftung
des Verkäufers für die Beschaffenheit der Ware nach römischem und gemeinem Recht I, 142 f., Sintenis, Das Practische Gemeine Recht, II, 624 f.

[11] Vgl. Paulus D. 18,6,8 pr., dazu siehe Kaser, RP I, 552.

[12] Vgl. unten Kap. III, 1 und 8.

[13] Vgl. unten Kap. VI.

[14] Vgl. unten Kap. V.

daß der tote Sklave als lebend gilt. Die Bedeutung dieser Fiktion ist immer umstritten gewesen. Im gemeinen Recht überwog die Meinung, die die Redhibition gegen Wertersatz zuließ[15].

Im Sächsischen BGB von 1865[16] dagegen und im Dresdner Entwurf[17] fiel die Entscheidung zugunsten des Ausschlusses der Wandlung, die auch der Gesetzgeber in § 351 BGB übernommen hat. Die Ausschlußlösung wird auch in der neueren romanistischen Literatur vorwiegend vertreten. Beide Fiktionen — „mortuus redhibetur" und „pro vivo habendus est" — legen einen Zusammenhang nahe, der zu prüfen sein wird[18]. Darüber hinaus erscheint die Verschuldensregelung auch insofern wichtig, als hier ebenfalls nur der Tod genannt ist und in einem Beispiel, das der römische Jurist gibt, eine Verbindung mit der zur Wandlung berechtigenden Krankheit des Sklaven hergestellt wird. Ob diesem Beispiel eine verallgemeinerungsfähige Bedeutung zukommt, bedarf einer genauen Prüfung, insbesondere auch im Hinblick auf die Analogiefähigkeit des „pro vivo habendus est"-Satzes. Die Übertragbarkeit dieser Verschuldensregelung ist vor allem bei der Weiterveräußerung durch den Käufer umstritten[19]. Aus den Quellen hierzu ergibt sich zunächst nur, daß zur Redhibition einer weiterveräußerten Sache der Rückerwerb erforderlich ist. Was jedoch geschieht, wenn der Rückerwerb scheitert, ist nicht ausdrücklich genannt. Ob hier auf den Satz „pro vivo habendus est" zurückgegriffen werden kann, wird zu prüfen sein[20].

Aus den Untersuchungen der soeben aufgezeigten Einzelfragen, zu denen auch noch die Fälle der Verschlechterungen sowie der Freilassung gehören, werden sich Vermutungen darüber gewinnen lassen, wie sich die Risikoverteilung bei dem Rückabwicklungsverhältnis der actio redhibitoria entwickelt hat und ob die römischen Juristen ein allgemeines Prinzip bei der Zuordnung des Risikos zugrundegelegt haben.

---

[15] Windscheid, Pandekten II, 612, Dernburg, Pandekten II, § 101 N. 10, Hanausek, Haftung I, 143 f., a. A.: Bechmann, Kauf III, 2 § 342.

[16] § 918.

[17] Dresdner Entwurf, Art. 184 und E I, § 430.

[18] Vgl. unten Kap. III, 4.

[19] Hierzu grundlegend Eck, Die Statthaftigkeit der ädilizischen Klagen trotz Verfügung des Käufers über die Sache, Festgabe Beseler, 159 ff.

[20] Vgl. unten Kap. IV.

Erstes Kapitel

Die actio redhibitoria und ihre Formel

§ 1 Die actio redhibitoria als Rückabwicklungsklage

Die zunächst nur als marktpolizeiliche Maßnahme[1] zur Regelung des Verkaufs von mangelhaften Sklaven eingeführte actio redhibitoria erlangte für die römische Zivilrechtsentwicklung weitreichende Bedeutung. Ihr Zweck, die Rückgabe der gekauften fehlerhaften Sache zu ermöglichen, führte zur Entwicklung eines Modells des Rückabwicklungsverhältnisses, das bis dahin dogmatisch nicht erfaßt war. Soweit das römische Recht eine Rückabwicklung kannte, wie z. B. beim auflösend bedingten Kauf, bestanden schon im klassischen Recht eine Anzahl von Kontroversen, die wegen der dürftigen Quellenlage große Schwierigkeiten bereiten. Die Rückgewähr der empfangenen Leistungen wurde ursprünglich mit einer actio in factum betrieben[2], später mit der Vertragsklage[3]. Inwieweit der Verkäufer daneben die Eigentumsklage hinsichtlich der Kaufsache geltend machen konnte, war möglicherweise von der Form der Übereignung bestimmt[4]. Auch die Sachmängelhaftung bei der allgemeinen zivilrechtlichen actio empti, die auf das Interesse ging[5], führte nicht zu einer eigenständigen Entwicklung eines Rücktrittsverhältnisses. Soweit die actio empti auch eine Redhibition umfaßte[6], hat sie diesen Inhalt erst durch Übernahme der honorarrechtlichen „ädilizischen Sachmängelhaftung" in den zivilrechtlichen Kauf erlangt[7].

Im folgenden soll alleine dieses ursprüngliche honorarrechtliche Institut untersucht werden.

---

[1] Vgl. Kaser, RRG, 46 ff., Karlowa, RRG, 249 ff.

[2] Proc. D. 19,5,12, Paul D. 16,5,6.

[3] Paul. D. 18,5,6, Ulp., Iul. D. 18,2,2,4.

[4] Vgl. dazu Wesel, Zur dinglichen Wirkung der Rücktrittsvorbehalte, SZ 85, 94 ff., Jörs / Kunkel / Wenger, Römisches Recht, 86 Anm. 15, Wieacker, Lex commissoria, 37 ff.

[5] Ulp. D. 19,1,13 pr., 1,2, Pomp. l. 6,4 h. t., Ulp. l. 21,2 h. t., Marcian, D. 18,1,45.

[6] Ulp. D. 19,1,13 pr., l. 11,5 h. t. Die Zweifel an der Echtheit dieser Stellen sind allerdings erheblich, vgl. Kaser, RP I, 558 Anm. 40 m. w. N. sowie die im Ind. Itp. I, 342, 344 genanten.

[7] Vgl. Kaser, RP I, 558.

§ 2 Das Edikt der kurulischen Ädilen

Die kurulischen Ädilen[8] hatten im zweiten vorchristlichen Jahrhundert durch das Edikt „de mancipiis[9] vendundis"[10] für die Sklavenkäufe auf dem Markt[11] die verschuldensunabhängige Haftung des Verkäufers für bestimmte, hauptsächlich körperliche[12] Mängel eingeführt. Als Rechtsbehelfe stellten sie die actio redhibitoria als Wandlungsklage und die actio quanti minoris[13] als Minderungsklage zur Verfügung. Die actio quanti minoris läßt den Kauf fortbestehen. Sie stellt lediglich die ursprüngliche Relation zwischen Wert der Sache und Kaufpreis wieder her. Die actio redhibitoria dagegen führt zu einer Auflösung des Kaufes. Das Primärleistungsverhältnis verwandelt sich in ein Rückabwicklungsverhältnis. Ziel der Arbeit ist es, dieses *Rückabwicklungsverhältnis* zu untersuchen.

Da bei diesem Rückabwicklungsverhältnis wie bei jedem Austauschverhältnis Leistungsstörungen auftreten können, bietet sich der Versuch an, durch das Verständnis des Rechts der Leistungsstörungen das Rückabwicklungsverhältnis zu erklären. Dafür spricht folgendes: Bei jedem Schuldverhältnis kann dessen Charakter am besten an den Folgen seines Mißlingens verstanden werden. Von Bedeutung sind dabei die Lösungen des römischen Rechts für die Leistungsstörungen bei der Rückgabe der Kaufsache und die dahinter stehende Risikoverteilung.

Die actio quanti minoris, bei der sich solche Rückgabeprobleme nicht ergeben, kann daher aus der Untersuchung ausgeklammert werden.

---

[8] Die kurulischen Ädilen waren seit 367 v. Chr. als Magistrate ohne Imperium für die Aufsicht über die (im Tempelbezirk) abgehaltenen Märkte nach dem Vorbild der plebejischen Ädilen (493 v. Chr.) aus den Patriziern gewählt. Vgl. Livius, Ab urbe condita, VI, 42. Sie hatten Polizeigewalt und eine begrenzte Gerichtsbarkeit; sie saßen daher auf der sella curulis. Vgl. Kaser, RRG 46 ff., Karlowa, RRG I, 249 ff., Wlassak, Edikt und Klageform, 168 ff.

[9] Die Ausdehnung de mancipiis emundis vendundis auf andere Sachen in l. 1 pr., fr. 49, fr. 63 h. t., C. 4,58,4,1 ist interpoliert. Vgl. Schindler, Justinians Haltung zur Klassik, 55, Kaser, RP II, 393 Anm. 71 m. w. N., Impallomeni, L'editto degli edili curuli, 265 ff., Monier, La garantie contre les vices cachés, 161 ff.

[10] Zum Namen vgl. Gellius, Noctes atticae IV, 2.1: In edicto aedilium curulium, qua parte „de mancipiis vendundis" cautum est.

[11] Später erließen sie das Edikt „de iumentis vendundis" (Ulp. D. 21,1,38 pr.) für die Viehkäufe auf dem Markt. Vgl. dazu Impallomeni, 2, 21 ff.

[12] Abgesehen vom fugitivus, erro, noxa non solutus sowie weiteren am Ende des Edikts angefügten Mängeln (Kapitalverbrecher, Selbstmordkandidat, Tierkämpfer) waren nur körperliche Mängel relevant. D. 21,1,1,9 - 11, fr. 2 - 4 h. t., Ulp. in l. 4,3 h. t.: ... et videmur hoc iure uti, ut vitii morbique appellatio non videatur pertinere nisi ad corpora.

[13] Diese Klage ist im Edikt nicht erwähnt, sie existiert aber mit Sicherheit schon in klassischer Zeit. Siehe Pringsheim, Das Alter der ädilizischen actio quanti minoris, SZ 69, 234 ff., 266 m. w. N., Impallomeni, 194 ff.

Sedes materiae für die Wandlungsklage ist der 1. Titel des 21. Buches der Digesten Justinians „de aedilicio edicto et redhibitione et quanti minoris".

D. 21,1 enthält zunächst das Edikt „de mancipiis vendundis", das anschließend von den Juristen kommentiert wird.

Ulp. l. 1,1 h. t.:

„Aiunt aediles: ‚Qui mancipia vendunt certiores faciant emptores, quid morbi vitiive cuique sit, quis fugitivus errove sit noxave solutus non sit: eademque omnia, cum ea mancipia venibunt, palam recte pronuntianto[14], quod si mancipium adversus ea venisset, sive adversus quod dictum promissumve fuerit cum veniret, fuisset[15], quod eius praestari oportere dicetur: emptori omnibusque ad quos ea res pertinet iudicium dabimus, ut id mancipium redhibeatur. si quid[16] autem post venditionem traditionemque deterius emptoris opera familiae procuratorisve eius factum erit, sive quid ex eo post venditionem natum adquisitum fuerit, et si quid aliud in venditione ei accesserit, sive quid ex ea re fructus pervenerit ad emptorem, ut ea omnia restituat. item, si quas accessiones ipse praestiterit, ut recipiat. item si quod mancipium capitalem fraudem admiserit, mortis conscis-cendae sibi causa quid fecerit, inve harenam depugnandi causa ad bestias intromissus fuerit, ea omnia in venditione pronuntianto: ex his enim causis iudicium dabimus. Hoc amplius si quis adversus ea sciens dolo malo vendi-disse dicetur, iudicium dabimus.'"

Die Anfangsbestimmungen besagen, daß der Verkäufer den Käufer über Krankheiten und Fehler des Sklaven zu unterrichten hat. Zu den Fehlern, die zunächst nur körperlicher Art sind[17], zählt auch, wenn der Sklave ein Ausreißer oder ein Herumstreicher ist, oder wenn er mit einer Noxalhaftung belastet ist. Letzteres wird also nicht als Rechts-mangel angesehen. Daneben liegt ein Fehler auch vor, wenn der Sklave ein Kapitalverbrecher, Selbstmordkandidat oder Tierkämpfer ist. Die Ädilen machten es dem Verkäufer zur Pflicht, unaufgefordert dem Käufer diese Mängel des Sklaven anzusagen. Wenn die Ansage der Mängel unterlassen wird, kann der Käufer auf Rücknahme des Sklaven klagen, *iudicium dabimus, ut id mancipium redhibeatur"*. Ebenso, wenn zugesagte Eigenschaften fehlen, oder ausdrücklich ausgeschlossene Mängel vorhanden sind. Schließlich dann, wenn der Verkäufer sich sonst arglistig verhalten hat[18].

---

[14] Die Tautologie, „certiores faciant und pronuntianto", erklärt Bechmann, Der Kauf nach gemeinem Recht I, 399 mit einer im polizeilichen Interesse vorgeschriebenen allg. Mängelangabe und einer zusätzlichen für den konkre-ten Kauf vorgeschriebenen Angabe.

[15] Dieser Teil ist später angefügt worden. Vgl. Impallomeni, 97 f.

[16] Sie quod F 2.

[17] Vgl. Ulp. l. 1,9 - 11, fr. 4 h. t., dazu Impallomeni, 7 ff.

[18] Dazu vgl. Impallomeni, 30 ff., 34 ff.

Über die Rücknahme des Sklaven hinaus, die auf sechs Monate befristet ist[19], ordnet das Edikt an, daß der Käufer für eventuelle Verschlechterungen der Kaufsache, die durch seine Tätigkeit oder die seiner Familie oder seines Procurators entstanden sind, Ersatz leisten muß und sämtliche Akzessionen und Früchte der Sache herausgeben muß, so wie er seinerseits die eigenen Akzessionen zum Kaufpreis wiedererhält.

Die Aussage des Edikts über die Rückgabeverpflichtungen beschränkt sich auf die Anordnung „ut id mancipium redhibeatur" und die Bestimmung über die Ersatzleistung für Verschlechterungen und die Rückgabe von Akzessionen.

§ 3 Das Prozeßverfahren bei der actio redhibitoria

Die Ausgestaltung und Weiterentwicklung der actio redhibitoria war Aufgabe der Juristen. Aus ihren Kommentaren zum Edikt läßt sich für das Prozeßverfahren bei der actio redhibitoria, das dem Verfahren vor dem Prätor entsprach[20], folgendes entnehmen:

Ulp. l. 21 pr. h. t.:
„Redhibere est facere, ut rursus habeat venditor quod habuerit . . ."[21]

und Ulp. l. 29 pr. h. t.:
„Illud sciendum est, si emptor venditori haec non praestat, quae desiderantur in hac actione, non posse ei venditorem condemnari."

sowie Ulp. l. 25,10 h. t.:
„Ordine fecerunt aediles, ut ante venditori emptor ea omnia, quae supra scripta sunt praestet, sic deinde pretium consequatur."

Der Käufer muß demnach vorleisten. Es ist nur die Konstruktion mit Hilfe der Vorleistung einer der Parteien möglich, denn eine Zug um Zug Verurteilung war dem römischen Recht fremd[22]. Nur wenn der Verkäufer das ihm Gebührende bekam, hatte der Käufer den Anspruch auf Rückzahlung.

---

[19] Ulp. D. 21,1,19,6.

[20] Vgl. Hanausek, Die Haftung des Verkäufers für die Beschaffenheit der Ware nach römischem und gemeinem Recht I, 20, Mommsen, Staatsrecht II, 470 ff., 501. Zur Entwicklung der ädilizischen Jurisdiktion aus ursprünglich polizeilichen Verwaltungsmaßnahmen vgl. Impallomeni, 109 ff., 125 f., Vincent, Droit des édiles, 107 m. w. N. Das Verfahren war auch zweigeteilt in den Abschnitt „in iure" vor den Ädilen und den Abschnitt „apud iudicem". Die Ädilen konnten auf das Formularverfahren zurückgreifen, vgl. dazu Kaser, ZR, 105 ff.

[21] Leser, Der Rücktritt vom Vertrag, 45 vergleicht die Redhibition mit ihrem Zuschnitt auf das Sachschicksal mit dem Eigentümer-Besitzer Verhältnis; dadurch sei die Entfernung vom Austauschvertrag vorgebildet.

[22] Hanausek, 20.

§ 4 Die Formel der actio redhibitoria

1. Die Rekonstruktion Rudorffs

Rudorff[23] versteht die Vorleistung des Käufers dahin, daß die Erteilung der actio redhibitoria vollständige Rückgabe des abgelieferten Sklaven voraussetze. Der Käufer müßte also vor der Klage die Kaufsache samt Zubehör[24] und Ersatz für Beschädigungen[25] übergeben.

Rudorff rekonstruiert die Formel für die actio redhibitoria daher wie folgt[26]:

Si paret mancipium q. d. a. quod Aˢ Aˢ de Nᵒ Nᵒ emit quodque ei traditum est, in causa redhibitionis esse, neque plus quam sex (duo) menses esse postea quam de ea re experiundi potestas fuit, *idque mancipium Nᵒ Nᵒ redhibitum esse*, quodque id mancipium post venditionem traditionemque deterius Aⁱ Aⁱ opera, familiae procuratorisve eius factum erit, quodve ex eo post venditionem natum adquisitum fuerit, sive quid aliud in venditionem ei accesserit, sive quid ex ea re fructus pervenerit ad Aᵐ Aᵐ, id Nᵒ Nᵒ restitutum esse, . . .

Diese Formelrekonstruktion wird allgemein abgelehnt[27].

Es kann nicht richtig sein, daß der Käufer bereits im Moment der Litiskontestation vor dem Ädil den Verkäufer völlig befriedigt haben müßte und dann abwarten möge, was er nach erstrittenem Sieg von ihm erlangen kann[28]. Die Vorleistung des Käufers ist hier zu weit vorverlegt. Bei der Rekonstruktion der Formel muß zumindest sichergestellt sein, daß der Käufer erst dann die Sache und die Ersatzleistungen dem Verkäufer herausgeben muß, wenn die Voraussetzungen der Wandlung tatsächlich vorliegen. Die tatsächlichen Voraussetzungen prüft aber nicht der Ädil, sondern erst der iudex[29]. Da der iudex aber erst verurteilen kann, wenn der Käufer bereits erfüllt hat[30], muß die Vorleistung des Käufers in das Verfahren zwischengeschaltet werden.

2. Der Arbiträrcharakter der actio redhibitoria

Hier bietet nun die besondere Form der Arbiträrklage[31] das geeignete Verfahren. In einem Zwischenbescheid, dem Restitutionsbefehl, gibt der

---

[23] Über die Litiscrescenz, ZGRW 14, 287 ff., 452.
[24] Ulp. l. 1,1, l. 23,1, l. 23,9 h. t., Gai. fr. 24 h. t., Ulp. D. 9,2,11,7.
[25] Ulp. l. 1,1,23 pr., 25 pr. h. t.
[26] Ed. perp., 262.
[27] Lenel, EP, 559, Hanausek, 26 f., Impallomeni, S. 189.
[28] Lenel, Hanausek verweist zutreffend auch auf Gai. fr. 26 h. t.
[29] Vgl. Kaser, RZ, 105 ff.
[30] Vgl. die oben S. 15 f. genannten Stellen.
[31] Inst. 4,6,31 dazu Kaser, RZ, 256 f.

iudex dem Käufer die Rückgabe auf. Dieser Bescheid ist nicht vollstreckbar[32]. Wenn der Käufer jedoch nicht restituiert, kann der Verkäufer auch nicht zur Kaufpreisrückzahlung verurteilt werden[33].

Daß die römischen Juristen die actio redhibitoria als Arbiträrklage verstanden haben, wird an mehreren Stellen deutlich.

Ulp. l. 23 pr.:

„... id *arbitrio iudicis* aestimetur et venditori praestetur."

l. 29,3:

„Si quid tamen damni sensit vel si quid pro servo impendit, consequetur *arbitrio iudicis* ..."

Paulus l. 43,9:

„... quia nondum perfecta emptio *arbitrio iudicis* imperfecta fieri non potest."

Aus dem einzigen wörtlich überlieferten Formelbestandteil in l. 25,8 wird darüber hinaus deutlich, daß die Juristen sogar die Rückzahlungspflicht des Verkäufers arbiträr verstanden.

Ulp. l. 25,9:

„... et quanta pecunia pro eo homine soluta accessionisve nomine data erit, *non reddetur* ..."[34]

3. Die Rekonstruktion Lenels

Die Formelrekonstruktion Lenels, der den Arbiträrcharakter der actio redhibitoria durch die Einfügung zweier Restitutionsklauseln berücksichtigt, verdient daher den Vorzug:

Si paret homini q. d. a. quem A^s A^s de N^o N^o emit, morbi (vitii) quid cum veniret[35] fuisse, (quod N^s N^s adversus edictum illorum aedilium non pronuntiavit) neque plus quam sex menses sunt, cum de ea re experiundi potestas fuit, *tum si arbitratu iudicis is homo N^o N^o redhibebitur* quodque ex eo post venditionem adquisitum est quodque in venditione ei accessit sive quid ex ea re fructus pervenit ad A^m A^m sive quid post venditionem traditionemque deterior A^i A^i opera familiaeve procuratorisve eius factus est[36], eo omnia N^o N^o restituentur, et quanta pecunia pro eo homine soluta

---

[32] Vgl. Kaser, a.a.O.
[33] Vgl. Ulp. l. 29 pr.: „Illud sciendum est, si emptor venditori haec non praestat, quae desiderantur in hac actione, non posse ei venditorem condemnari."
[34] Vgl. dazu Lenel, EP, 556.
[35] Entgegen Pringsheim, The decisive moment for Aedilician liability, Ges. Abh. II, 171 ff. ist auf den Zeitpunkt des Vertrages abzustellen, Ulp. l. 1,1 h. t.: adversus ea *venisset*, sive adversus quod dictum promissumve fuerit, *cum veniret*. Vgl. Arangio-Ruiz, Compravendita II, 370 Anm. 2.
[36] L. 31,2 - 4: adquisitum. l. 23,9; 30 pr., 43,5: fructus. l. 23 pr., 25 pr. - 7: deterior factus.

accessionisve nomine data erit, non reddetur, cuiusve pecuniae quis eo nomine obligatus erit, non liberabitur[37] quanti ea res erit[38], tantam pecuniam iudex N^m N^m A^o A^o c. s. n. p. a.

Zunächst prüft hiernach der iudex die Voraussetzungen der Klage: Mangel des Sklaven und Fristeinhaltung. Danach gibt er dem Käufer auf, den Sklaven sowie die Früchte und Akzessionen zurückzugeben. Ebenso muß der Käufer hier bereits Ersatz für die Verschlechterungen des Sklaven leisten[39]. Restituiert der Käufer vollständig, wendet sich der iudex an den Verkäufer mit dem Befehl, den Kaufpreis und die Akzessionen zu restituieren. Wenn der Verkäufer dem nicht nachkommt, wird er in das „quanti ea res erit" verurteilt[40].

§ 5 Die Formel der actio redhibitoria bei Redhibitionsstörungen

Nach der Formel Lenels kann die Klage vom Ädil erteilt werden, ohne daß der mangelhafte Sklave bereits zurückgegeben sein muß. Erst nach sachlicher Prüfung durch den iudex muß der Käufer zur Rückgabe bereit sein. Dadurch kann es aber vorkommen, daß der Ädil die actio redhibitoria erteilt und daß erst später deutlich wird, daß der Sklave schon bei Klageerhebung nicht mehr zurückgegeben werden konnte. Wenn hier aus materiellen Gründen die Wandlung zulässig sein soll, stellt sich die Frage, wie der iudex gleichwohl die Verurteilung des Verkäufers erreichen kann. Kann er in diesem Falle die Restitutionsklausel nach seinem Ermessen als erfüllt ansehen oder muß er die

---

[37] Auch die Leistungen des Verkäufers, siehe fr. 25, l. 30 pr., 1, l. 29,1 h. t., D. 47,2,17,2 und l. 58 pr. h. t. waren zunächst in einem Restitutionsbefehl aufgegeben. Zu dem Problem, daß condemnatio und Restitutionsbefehl hier auf dasselbe gingen.

[38] Die Verurteilung auf quanti ea res erit, folgt zweifelsfrei aus Ulp. l. 29,2 h. t.: ... Condemnatio autem fit, *quanti ea res erit* ... Ulp. l. 23,8 h. t.: ... nec amplius quam *pretium* consequatur. Paul. l. 58,1 h. t.: ... de *pretio* servi repentendo ... Ulp. D. 5,3,20,19: Sed si res sit redhibita, hic utique et hereditaria est, et *pretium* non veniet, quod refusum est. Das höchst umstrittene Gaiusfragment 45 h. t., das dem zu widersprechen scheint, soll nicht näher untersucht werden. M. E. verdient die Erklärung Impallomenis, 185 f., der die condemnatio in duplum als kompilatorischen Eingriff ansieht, den Vorzug. Die Kompilatoren führten eine nachklassische Errungenschaft — Bestrafung mit duplum dessen, der den Prozeß ungebührlich verzögert, in die actio redhibitoria ein. Beispiele siehe in C. 4,65,33; C. 3,28,33 pr.; Nov. 18,8; C. 1,3,46,7. Weitere Nachweise bei Impallomeni.

[39] Die Annahme Hanauseks, 27, der Käufer habe eine bedingte Kaution bezüglich seiner Rückgabeleistung abgeschlossen, geht fehl. H. leitet dies aus der singulären (interdum) Möglichkeit der cautio in fr. 26 h. t. ab. Seiner Meinung nach kann auch insofern nicht gefolgt werden, als eine bedingte condemnatio dem römischen Prozeßrecht nicht fremd war, vgl. gerade die Restitutionsklagen.

[40] Ulp. l. 29 pr., 1 h. t.

Klage abweisen? Hätte in letzterem Fall eine andere Formel beantragt werden müssen? Für die zuerst genannte Lösung spricht zunächst der Arbiträrcharakter der Klage. Denn die actiones arbitrariae enthalten neben der verfahrensmäßigen Besonderheit auch eine größere Ermessensfreiheit des Richters, die etwa der bei dem bonae fidei iudicium entspricht[41]. Biondi läßt daher auch beim Untergang der Sache die ursprüngliche Formel bestehen. Der iudex könne die Restitutionsklausel weit interpretieren und sie nach seinem Ermessen als erfüllt ansehen[42].

Eine solche Ermessensfreiheit lassen die römischen Juristen für die actio redhibitoria jedoch nicht zu.

Ulp. l. 25,8 h. t.[43]:

„Item sciendum est haec omnia, quae exprimuntur edicto aedilium, praestare eum debere, si ante iudicium acceptum facta sint: idcirco enim necesse habuisse ea *enumerari*[44], ut, si quid eorum ante litem contestatam contigisset, praestaretur. ceterum post iudicium acceptum tota causa ad hominem restituendum in iudico versatur, et tam fructus veniunt quam id quo deterior factus est ceteraque veniunt: iudici enim statim atque iudex factus est omnium rerum officium incumbit, quaecumque in iudicio versantur: ea autem quae ante iudicium contingunt non valde ad eum pertinent, nisi fuerint ei nominatim iniuncta[45]."

Danach muß der Käufer Schadensersatz und die Akzessionen leisten, wie es im Edikt genannt ist, wenn die Rückgabeleistungen *vor* litis contestatio entstehen unter der Voraussetzung, daß die Leistungen ausdrücklich in die Formel aufgenommen sind. Erst was *nach* litis contestatio geschieht, obliegt dem iudex, auch ohne daß die Formel dafür Bestimmungen trifft. Zwar entscheidet der iudex über die Restitutionsleistungen, soweit sie erst nach der litis contestatio entstehen, nach den gleichen Prinzipien, wie sie für die Zeit vor l. c. gelten. Gleichwohl betont Ulpian, daß der iudix für die Zeit vor l. c. nur das zusprechen kann, was ihm ausdrücklich durch die Formel aufgegeben ist. Nun bestehen

---

[41] Levy, Zur Lehre von den sog. actiones arbitrariae, SZ 36, 1 ff., 81, Lenel, Beiträge zur Kunde des prät. Edikts, 95, Pernice, Labeo II, 2, 235, 255 Anm. 1, 288, 291, Wlassak, Röm. Prozeßgesetze II, 312 Anm. 32, Bethmann-Hollweg, Civilprozeß II, 292, Biondi, Actiones arbitrariae, 146.

[42] Biondi, Actiones arbitrariae, 145.

[43] Biondi, 147 bezieht l. 25,8 h. t. auf das Edikt. Er beachtet in seiner Auseinandersetzung S. 147 Anm. 1 mit Lenel, Palingenesie II, 894 und EP, 532 nicht, daß auch bei seiner Lesart eine doppelte Abhandlung über Beschädigungen bleibt: l. 23 pr., 1 und l. 25 pr. h. t. Biondi kann l. 25,9, der zur Formel gehört, nur mühsam unterbringen. Auch wenn er ab „Ceterum" bei l. 25,8 streicht, wie erklärt er das Ceterum bei l. 31,13 (diesmal sicher bei der Formel)?

[44] Vgl. auch l. 57 pr.: non aliter ei venditor daturus est, quam si omnia praestiterit, quae huic actioni continentur, dazu aber Biondi, 149 Anm. 2.

[45] Zu den Itp. Verdächtigungen siehe später.

2*

freilich gegen l. 25,8 erhebliche Interpolationsverdächtigungen[46]. Diese können jedoch nicht überzeugen.

Für die ursprüngliche Regelung der Ädilen, die häufig wiederkehrende Rechtsgeschäfte auf dem Markt betraf, erscheint ein formalistisches Vorgehen anhand einer ins einzelne gehenden Formal durchaus naheliegend. Die Meinung, daß die klassischen römischen Juristen diesen Formalismus noch berücksichtigten, scheint eher verständlich als die Annahme einer Interpolation Justinians, der die actio redhibitoria erst von ihrem ursprünglichen Bezug auf Marktkäufe und ihrem polizeilichen Charakter befreit hat[47]. Weshalb er zu diesem strengen Formalismus zurückgekehrt sein sollte, kann nicht erklärt werden. M. E. ist daher an der Echtheit von l. 25,8 festzuhalten[48]. Der iudex kann nicht nach seinem Ermessen die Restitutionsklausel als erfüllt ansehen. Für den Fall der materiell zulässigen Wandlung ohne Rückgabe des Sklaven mußte der Käufer eine modifizierte Formel beim Ädil beantragen, andernfalls wurde er mit der actio redhibitoria abgewiesen[49].

Die Formel könnte für den Fall des vom Käufer nicht verschuldeten Todes wie folgt geändert worden sein:

„Si paret homini q. d. a. quem A^s A^s de N^o N^o emit, vitii quid cum veniret fuisse, (quod N^s N^s adversus edictum illorum aedilium non pronuntiavit) neque plus quam sex menses sunt, cum de ea re experiundi potestas fuit, *isque homo non opera A^i A^i familiaeve procuratorisve eius mortuus esse et quanta pecunia pro eo homine soluta* ... non redderetur ... quanti ea res erit, tantam pecuniam iudex N^m N^m A^o A^o c., s. n. p. a."

Danach würde anstelle der Restitutionsklausel die Anordnung an den iudex ergehen, das Vorliegen der Befreiungsgründe zu überprüfen[50].

---

[46] Beseler, Beitr. III, 126 bezeichnet die ganze Stelle als „eitel theoretische Spielerei". Ebenso Eisele, Beiträge zur Erkenntnis der Digesteninterpolationen, SZ 11, 1 ff., 23, Krüger, Besprechung von Schloßmann, litis contestatio, SZ 26, 541 ff., 548, Heumann / Seckel, Handlexikon, „valide", Wlassak, Der Judikationsbefehl der römischen Prozesse, 266, Guarneri Citati, Di un criterio postclassico per la determinazione della res iudicata, Bull. 33, 204 ff., 221 Anm. 7.

[47] Vgl. oben S. 13 Anm. 9.

[48] So auch Lenel, EP, 533, Wlassak, Römische Prozeßgesetze II, 38 f.

[49] Vgl. Lenel, EP, 561 Anm. 2, Pernice, Labeo II, 2, 1, 251, Thielmann, Actio redhibitoria und zufälliger Untergang der Kaufsache, Studi Volterra II, 487 ff., 491.

[50] Vgl. dazu im Einzelnen unten, 3. Kap.

Zweites Kapitel

Verschlechterungen der zurückzugebenden Sache

§ 1 Die Verschlechterung im System der Redhibitionsstörungen

Die Redhibition des Käufers kann dadurch gestört sein, daß der mangelhafte Sklave nicht oder nur entwertet zurückgegeben werden kann. Hierzu sind folgende Fallgruppen denkbar:

1. Verschlechterung
2. Tod
   a) zufällig
   b) durch Verschulden des Käufers
3. Weiterveräußerung bzw. Freilassung
4. Noxae deditio
5. Flucht.

Das Edikt der kurulischen Ädilen enthält jedoch nur eine Regelung der Verschlechterungen. Die Rechtsfolgen der übrigen Redhibitionsstörungen zu entwickeln, war Aufgabe der Juristen. Dabei bot die Regelung der Verschlechterungen im Edikt freilich nur ein begrenzt verwertbares Modell an. Denn es ist ein wesentlicher Unterschied, ob die Sache nur verschlechtert oder überhaupt nicht zurückgegeben werden kann. Gleichwohl kommt dem im Edikt genannten Grundfall der Verschlechterung verallgemeinerungsfähige Bedeutung auch für die Unmöglichkeitsfälle zu. Denn die Verschlechterung und die Unmöglichkeitsfälle sind insofern vergleichbar, als derselbe „Verschuldensmaßstab" gilt. In beiden Fällen kann nicht im eigentlichen Sinne von Verschulden gesprochen werden, da der Käufer bis zur Wandlung Eigentümer bleibt.

Ulp. D. 47,2,17,2:
„Cum autem servus, quem emi traditusque mihi est, a me redhibeatur, non est in ea causa, ut perinde habeatur, atque si meus numquam fuisset, sed et fuit et desiit."

Danach hat die actio redhibitoria keine dingliche Wirkung. Erst mit der Rückgabe verliert der Käufer sein Eigentum. Er hat also zur Zeit der Tathandlung eine eigene Sache beschädigt, mit der er normalerweise verfahren konnte wie er wollte[1].

Auch die Frage des Einstehenmüssens für andere Personen stellt sich gleicherweise bei der Verschlechterung wie bei der Unmöglichkeit.

Diese Fragen sollen daher zunächst anhand der im Edikt vorgegebenen Regelung der Verschlechterung untersucht werden.

§ 2 Wertersatzpflicht bei Verschlechterung

Wenn der Käufer die mangelhafte Sache verschlechtert, vereitelt er dadurch den Zweck der actio redhibitoria, beide Parteien in den Zustand zu versetzen, der ohne Kauf bestanden hätte.

Ulp. l. 23,7 h. t.:
„Iulianus ait iudicium redhibitoriae actionis utrumque, id est venditorem et emptorem, quodammodo in integrum restituere debere.“

Paulus fr. 60 h. t.:
„Facta redhibitione omnia in integrum restituuntur, perinde ac si neque emptio neque venditio intercessit.“

Auch können die Verschlechterungen den Sklaven für den Verkäufer weitgehend unbrauchbar gemacht haben, wie z. B. wenn der Sklave beim Käufer durch das schlechte Beispiel der Mitsklaven ein Würfelspieler, Weinsäufer oder Herumstreicher geworden ist[2], oder wenn er wegen der Wutausbrüche des Käufers zum Fugitivus geworden ist[3].

Gleichwohl läßt das Edikt in diesen Fällen die Wandlung zu. Der Käufer hat durch die zusätzlichen Verschlechterungen, die er dem Sklaven zugefügt hat, nicht die Berufung auf den ursprünglichen Mangel, der zur Wandlung berechtigt, verwirkt. Das Edikt ordnet lediglich eine Wertersatzpflicht an, die der iudex im Restitutionsbefehl dem Käufer auferlegt.

Ulp. l. 1,1 h. t.:
„Si quid autem post venditionem traditionemque deterius emptoris opera familiae procuratorisve eius factum erit ... ut ea omnia restituat.“

---

[1] Der Meinungsstreit im gemeinen Recht ging von der Auffassung, daß der Käufer für alle Tätigkeit außer Zufall einzustehen hatte (Thibaut, Pand. I, § 497, Hanausek, Haftung I, 144), zur Meinung, er hafte nur für Verschulden (Bechmann, Kauf III, 2, 125, Dernburg, Pand. II, § 101 Anm. 6, Windscheid, Pand. II, 619). Es wurde auch die Einschränkung auf dolus malus vertreten (Pernice, Labeo II, 1, 251). Der Streit im geltenden Recht dauert an, vgl. Leser, 202 m. w. N.

[2] Ulp. l. 25,6 h. t.: „ut puta si imitatione conservorum apud emptorem talis factus est, aleator forte vel vinarius vel erro evasit.“

[3] Ulp. l. 23 pr. h. t.: „ut puta ... saevitia emptoris fugitivum esse coeperit.“

Ulp. l. 23 pr. h. t.:

„Cum autem redhibitio fit, si deterius mancipium sive animo sive corpore ab emptore factum est, praestabit emptor venditori, ut puta si stupratum sit aut saevitia emptoris fugitivum esse coeperit: et ideo, inquit Pomponius, ut ex quacumque causa deterius factum sit, id arbitrio iudicis aestimetur et venditori praestetur."

Ulp. l. 25 pr. h. t.:

„Aediles etiam hoc praestare emptorem volunt, si in aliquo deterior factus sit servus, sed ita demum, si post venditionem traditionemque factus sit: ceterum si ante fuit, non pertinet ad hoc iudicium quod ante factum est."

Ulp. l. 25,6 h. t.:

„Hoc autem, quod deterior factus est servus, non solum ad corpus, sed etiam ad animi vitia referendum est ..."

Der Käufer hat für Verschlechterungen Ersatz zu leisten, die durch eigene opera oder opera seiner Familie oder seines Procurators verursacht worden sind. Verschlechterungen sind hierbei sowohl körperliche als auch geistige Schäden des zurückzugebenden Sklaven.

§ 3 „Opera" als Verschulden

Der Käufer haftet nicht für zufällige Verschlechterungen, sondern nur für solche Schäden, die auf seine „opera" oder auf die „opera" der Personen, für die er einstehen muß, zurückgehen. „Opera" ist an sich ein indifferenter Ausdruck zur Bezeichnung von bewußter Tätigkeit[4]. In der Kommentierung zum Edikt gebraucht Ulpian allerdings statt „opera" den Ausdruck „dolus vel culpa"[5]. Soweit „opera" sonst in den Digesten vorkommt, kann festgestellt werden, daß der Begriff „opera" auf dem Wege über die Probleme der Verbrechensverursachung mit dem Verschuldensbegriff in Berührung[6] kam. In D. 47,2,50, 1 - 3 erläutert Ulpian „opc" (= opera)[7] als Hilfeleistung beim Diebstahl[8]. Ebenso wie beim furtum selbst sei „ope" nicht ohne dolus malus denkbar.

---

[4] Siehe Heumann / Seckel, Handlexikon, ops, opera, Lenel, Culpa lata und culpa levis, SZ 38, 263 ff., 287.

[5] Ulp. l. 25,5, l. 31,9, l. 31,11 h. t.

[6] Vgl. Lenel, EP, 324, Ebrard, Beamtenpflicht und Sorgfaltspflicht im Ausdruck operam dare, SZ 46, 144 ff., 155, 167 Anm. 3 a E., Heumann / Seckel, Handlexikon, dare, Partsch, De l'édit sur l'alienatio iudicii mutandi causa facta, 49, Mitteis, Besprechung von Partsch, De l'édit sur alienatio ..., SZ 30, 451 ff., 454.

[7] Opera consilio findet sich neben ope consilio in den Quellen, Paul. D. 2,31,10; D. 47,15,2, vgl. auch Ebrard, 157.

[8] Zur Formel mit ope consilio vgl. Lenel, EP, 325, Huvelin, Études sur le furtum dans le très ancien droit romain I, 387 ff., Mommsen, Römisches Strafrecht, 745 Anm. 2.

Paulus berichtet in D. 50,16,53,2, daß „ope" böswillige Absicht voraussetze.

„Opera" bzw. „opera data" hat aber nie technische Bedeutung erlangt[9]. In anderen Stellen wird opera gleicherweise zur Bezeichnung von „cura"[10] (Ulp. D. 18,6,1,3, Alf. D. 19,2,29) wie von unsorgfältigem Verhalten (Scaev. D. 13,7,43 pr., Ulp. D. 27,8,1,7, D. 38,17,2,32, C. 6,23,30) sowie im Sinne von dolus malus[11] verwandt (Ulp. D. 4,6,5 pr., D. 5,1,18 pr., D. 9,2,9,4, D. 10,4,11,1, D. 14,4,7,3, D. 29,5,1,37, D. 29,5,3,6 D. 42,8,3,1 D. 50, 5,13 pr., Gai. D. 4,7,1 pr., Marcian. D. 47,11,4). Schließlich bezeichnet „opera" auch die öffentliche Verwaltungsfunktion[12].

Die uneinheitliche Verwendung des Begriffs „opera" läßt auf Differenzen der Interpretation bei der actio redhibitoria schließen.

So konnte Pomponius vertreten, daß die Ersatzpflicht des Käufers für Beschädigungen „ex quacumque causa" entstehe[13].

Mit „opera" ließ sich aber genauso gut der Standpunkt Ulpians vertreten, der Verschulden für die Beschädigungshandlung verlangte.

l. 25,5 h. t.:
„Quid ergo si *culpa*, non etiam *dolo* emptoris servus deterior factus sit? aeque condemnabitur."

l. 31,9 h. t.:
„Pomponius ait, si unus ex heredibus ... *culpa* vel *dolo* fecerit rem deteriorem ... tunc et si quo deterior servus *culpa* unius heredum factus est ..."

l. 31,11 h. t.:
„Si mancipium quod redhiberi oportet mortuum erit, hoc quaeretur, numquid *culpa* emptoris ... homo demortuus sit ..."

Kaufmann[14] bringt die Ausdrücke culpa vel dolus in Beziehung zu der Kenntnis des Fehlers und folgert daraus, dolos könne der Käufer nur nach Kenntnis des Mangels, culpos auch in fahrlässiger Unkenntnis

---

[9] Lenel, SZ 38, 263 ff., 287, Ebrard, 150.

[10] Dem entspricht bei der Überlieferung des Edikts in den Basiliken Bas. 19,10,1 (Heimbach) die Wiedergabe mit σπουδή, vgl. dazu Ebrard, 145.

[11] In dieser Bedeutung weist es am ehesten nachklassischen Einfluß auf, vgl. Ebrard, 150, Partsch, 49, Pringsheim, Ius aequum et ius strictum, SZ 42, 643 ff., 647, a. A. Binding, Normen II, 768, der es als klassisches dolus malus Synonym versteht.

[12] Dazu Ebrard, 157 ff. mit Quellenangaben.

[13] Ulp. l. 23 pr. h. t.: „... et ideo inquit Pomponius, ut ex quacumque causa deterius factum sit, id arbitrio iudicis aestimetur et venditori praestetur."

[14] Welchen Einfluß hat eine vom Käufer vorgenommene Verfügung über die Kaufsache auf die ädilizischen Rechtsmittel? Diss. Rostock 1901, 24 ff.

handeln. Bei Verschlechterung vor Kenntnis des Mangels lägen die Fälle vor, in denen die Quellen von „opera" sprechen.

Der Ansicht Kaufmanns kann nicht gefolgt werden. Ulpian, der auf culpa und dolus abstellt, erwähnt an keiner Stelle die Kenntnis oder Unkenntnis des Käufers vom Mangel. Wenn das Verschulden hier so zu verstehen gewesen wäre, hätte dies doch sicherlich gesagt werden müssen[15]. Welchen Sinn hätte zudem die Unterscheidung zwischen opera, culpa und dolus, wenn der Käufer in allen drei Fällen Ersatz leisten müßte[16]?

Culpa und dolus bleiben aber auch ohne Bezug auf die Kenntnis sinnvoll. Dies zeigen die Beispielsfälle, die Ulpian nennt.

l. 23 pr. h. t.:

„... ut puta si stupratum sit aut saevitia emptoris fugitivum esse coeperit."

l. 25,6 h. t.:

„... ut puta si imitatione conservorum apud emptorem talis factus est, aleator forte vel vinarius vel erro evasit."

l. 31,12 h. t.:

„... etiam si non adhibuit medicum, ut sanari possit, vel malum adhibuit, sed culpa sua."

In l. 23 pr. h. t. wird der Sklave geschändet oder er wird wegen der Wutausbrüche des Käufers zum Fugitivus.

In l. 31,12 h. t. ist die Hinzuziehung eines Arztes unterblieben, in l. 25,6 h.t. wird der Sklave durch das schlechte Beispiel[17] der Mitsklaven zum Würfelspieler, Weinsäufer oder Herumstreicher.

Das bedeutet aber, daß nicht jede Tätigkeit, die zur Verschlechterung führt, die Ersatzpflicht zur Folge hat. Culpa oder dolus liegt nur bei solchen absichtlichen oder versehentlichen Handlungen vor, die — ex tunc betrachtet — nach dem Maßstab eines bonus pater familias unwirtschaftlich und unangemessen erscheinen[18].

---

[15] Vgl. Conze, Der Einfluß einer Verfügung des Käufers über die Kaufsache auf die ädilizischen Rechtsmittel? Diss. Berlin 1903, 14, Thielmann, Actio redhibitoria und zufälliger Untergang der Kaufsache, Studi Volterra II, 487 ff., 490, Kaser, RPR I, 505, Peters, 249.

[16] Für die Annahme Kaufmanns, bei opera sei nur Wertersatz, bei culpa und dolus hingegen Schadensersatz zu leisten, fehlt jeder quellenmäßige Anhaltspunkt.

[17] „Opera" als „Tätigkeit" hat Ulpian dabei offenbar ganz aus den Augen verloren.

[18] Vgl. Conze, 14 f., Thielmann, 490, Kunkel, Diligentia, SZ 45, 266 ff., Eck, Beiträge zur Lehre von den ädilizischen Klagen I: Die Statthaftigkeit der ädilizischen Klagen trotz Verfügung des Käufers über die Sache, Festgabe Beseler, 159 ff., 179.

Daher wäre beispielsweise der Fall von der Ersatzpflicht auszuschlie-
ßen, daß der Käufer den Sklaven zu normaler Arbeit schickt und dieser
dabei ein Bein bricht[19].

§ 4 Verschulden der Gehilfen

Der Käufer haftet nach dem Edikt nicht nur für den Schaden, den die
Sache durch sein *eigenes* Verschulden erlitten hat, sondern auch für den
durch die Tätigkeit seiner familia oder seines procurator herbeigeführ-
ten Schaden.

Ulp. l. 1,1 h. t.:
„Si quid autem post venditionem traditionemque deterius emptoris opera
familiae procuratorisve eius factum erit ...“

Unter der familia ist die dem emptor untergeordnete Hausgemein-
schaft[20] der Verwandten und Sklaven zu verstehen. Zu den Sklaven,
für die der Käufer haftet, zählen auch die putativen[21] sowie die in
seinem Dienste befindlichen fremden Sklaven.

Ulp. l. 25,2 h. t.:
„Familiae appellatione omnes qui in servitio sunt continentur, etiam liberi
homines, qui ei bona fide serviunt, vel alieni: accipe eos quoque qui in
potestate eius sunt.“

Ulp. l. 31,15 h. t.:
„Idem Pedius ait familiae appellatione et filios familias demonstrari: facta
enim domesticorum redhibitoria agentem praestare voluit.“

Daneben haftet der Käufer für das Verschulden seines procurator,
curator, tutor und für die übrigen, die aufgrund sittlicher Pflichten
Angelegenheiten im Haushalt des Käufers wahrnehmen.

Ulp. l. 31,14 h. t.:
„Quod in procuratore diximus, idem et in tutore et curatore dicendum erit
ceterisque, qui ex officio pro aliis interveniunt ...“

Kontrovers war die Auslegung des procurator-Begriffes im Edikt[22].
Ulpian scheint hier eine andere Meinung als Neraz vertreten zu haben.

---

[19] Diesen Fall behandelt Alf. bei der vergleichbaren actio communi dividundo. D. 10,3,26: „Communis servus cum apud alterum esset, crus fregit in
opera, quaerebatur, alter dominus quid cum eo, penes quem fuisset, ageret.
respondi, si quid culpa illius magis quam casu res communis damni cepisset,
per arbitrium communi dividundo posse reciperare.“
[20] Vgl. Kaser, RP I, 50 ff.
[21] Vgl. v. Wyss, Haftung für fremde culpa, 84.
[22] Vgl. Kaser, RP II, 101 Anm. 12, Impallomeni, 158.

Ulp. l. 25,3 h. t.:

„Procuratoris fit mentio in hac actione: Sed Neratius procuratorem hic
eum accipiendum ait, non quemlibet, sed cui universa negotia aut id ipsum,
propter quod deterius factum sit, mandatum est."

Ulpian scheint den Generalprocurator anzusprechen, der in der Regel
ein Freigelassener war und noch weitgehend unter einer personen-
rechtlichen Herrschaft seines Patrons stand[23].

Neraz schränkt zunächst die procurator-Haftung ein: „non quemlibet". Im folgenden nennt er jedoch den Generalprocurator und den
„procurator unius rei"[24]. Welcher procurator sollte aber dann noch ausgeschlossen sein[25]?

Angelini[26] beseitigt diesen Widerspruch der Stelle, indem er entscheidendes Gewicht auf das „mandatum est" legt. Der Käufer habe
hier für den procurator nur dann einstehen müssen, wenn er ihm ein
schuldrechtliches Mandat erteilt habe. Das Mandatserfordernis gelte
daher nicht nur bei dem „procurator unius rei", sondern auch für den
Generalprocurator.

Der Meinung Angelinis kann m. E. für die actio redhibitoria nicht
zugestimmt werden. Neraz hatte keinen Anlaß, die „sozioökonomische
Figur"[27] des procurator, der noch weitgehend der familia angehörte,
anders als die übrigen Familienmitglieder zu behandeln. Mit der Tendenz zur weiten Einstandspflicht des Käufers für seine Leute[28] läßt sich
diese Einschränkung nicht vereinbaren.

Der h. M. ist der Vorzug zu geben, die l. 25,3 h. t. als nachklassische
Bearbeitung ansieht[29]. Die Nachklassik kannte die Figur des procurators im klassischen Sinne nicht mehr und ersetzte diese durch den
Mandatar[30]. Durch die Einfügung des Mandatserfordernisses ist aber
die eigentliche Kontroverse zwischen Ulpian und Neraz verdeckt wor-

---

[23] Vgl. Angelini, Il procurator, 16 ff., Impallomeni, 158.
[24] Zur Klassizität dieser Rechtsfigur vgl. Kaser, RP II, 101 m. w. N.
[25] Vgl. Schulz, Einführung in das Studium der Digesten, 77.
[26] S. 171 f.
[27] So Angelini, 167 ff.
[28] Vgl. Impallomeni, 158.
[29] Schulz, Einführung, nimmt einen Meinungsstreit zwischen procurator
omnium bonorum und Sektionschef an. Albertario, Studi III, 497 ff., 506, Serrao, Il procurator, 132 f. und Rabel, Besprechung von Albertario, Procurator
unius rei, SZ 46, 472 ff., 473 streichen die Stelle bis auf „procuratoris fit mentio in hac actione. Neratius eum accipiendum ait". Solazzi, Scritti III, 608
rekonstruiert wie folgt: „Neratius hic eum accipiendum ait, qui universa
negotia emptoris administrat, non quemlibet, cui de mancipio reddendo quod
deterius factum sit, ut agat, mandatum est."
[30] Vgl. Levy, Weströmisches Vulgarrecht, Das Obligationenrecht, 61 ff.,
Albertario, Procurator unius rei, Schloßmann, Der Besitzerwerb durch Dritte
nach römischem und heutigem Rechte, 98 Anm. 2, Kaser, RP II, 102.

den. Hätte nun Neraz auch den procurator „unius rei"[31] als procurator im Sinne des Edikts verstanden, hätte sich für die Kompilatoren wahrscheinlich kein Anlaß zur Textveränderung ergeben.

Die Auseinandersetzung zwischen Ulpian und Neraz ging wohl dahin, ob der procurator ein Generalprocurator sein müsse, oder ob auch ein procurator mit begrenztem Geschäftsbereich genüge. Der Text wird m. E. wie folgt zu rekonstruieren sein: „Neratius procuratorem hic eum accipiendum ait, cui universa aut specialia negotia mandata sunt."

§ 5 Rechtsnatur der Haftung für Verschlechterungen

Die Rechtsnatur der Haftung für Verschlechterungen ist fraglich. Denn weder liegt der unmittelbare Fall einer aquilischen Haftung vor, da der Käufer ja eine eigene Sache beschädigt hat[32], noch liegt der typische Tatbestand einer Vertragshaftung vor, da bei Tatzeit noch ungewiß ist, ob der Käufer die Sache herausgeben muß. Da die Römer aber den aquilischen Haftungsmaßstab culpa und dolus übernahmen, sahen sie hier wohl eher die Verbindung zu dieser aquilischen Haftung[33]. Ein Indiz für den deliktischen Charakter der Beschädigungen ist auch die Zulässigkeit der noxae deditio, vgl.

Ulp. l. 25,4 h. t.:
„Pedius ait aequum fuisse id dumtaxat imputari emptori ex facto procuratoris et familiae, quod non fuit passurus servus nisi venisset: quod autem passurus erat etiam, si non venisset, in eo concedi emptori servi sui noxae deditionem et ex eo, inquit, quod procurator commisit, solum actionum praestandarum necessitatem ei iniungi."

Pedius läßt mit Billigung Ulpians[34] auch die noxae deditio für Beschädigungen des mangelhaften Sklaven durch einen anderen Sklaven des Käufers zu, sofern die Beschädigung unabhängig vom Kauf erfolgt ist[35].

---

[31] Zu den Klassikerkontroversen bez. des procurator unius rei siehe Kaser, RP II, 102 m. w. N.

[32] Vgl. Ulp. D. 47,2,17,2.

[33] Vgl. Kaser, RP I, 505, Impallomeni, 142 Anm. 20, Peters, Die Rücktrittsvorbehalte des römischen Kaufrechts, 249.

[34] Nach Impallomeni, 156 soll Ulp. in l. 25,7 die eigene Meinung bekräftigt haben, daß die noxae deditio auf keinen Fall in Betracht komme. M. E. ist „huius modi" aber nur auf die moralischen Schäden i. S. d. l. 25,6 zu beziehen.

[35] Ulp. l. 25,4 ist klassisch, vgl. de Visscher, Le régime romain de la noxalité, 475; Impallomeni, 156. Die Bedenken Beselers, Beiträge zur Kritik der römischen Rechtsquellen II, 117, daß sich mit Sicherheit nicht sagen lasse, welche Schäden der Sklave auch ohne Kauf erlitten hätte, rechtfertigen es nicht die ganze Stelle zu streichen. Vgl. dazu Wesel, Zur dinglichen Wirkung der Rücktrittsvorbehalte des römischen Kaufs, SZ 85, 94 ff., 143 f., Biondi, Actiones noxales, 137 f.

Zusammenfassend kann festgestellt werden, daß bei der actio redhibitoria — jedenfalls für die Verschlechterung — der Gedanke der aquilischen Haftung herangezogen wurde.

Drittes Kapitel

Untergang der zurückzugebenden Sache

§ 1 „Mortuus redhibetur"

Bei zufälligem Untergang kann der Käufer seiner Vorleistungspflicht[1] nicht nachkommen.

Eine am Formelwortlaut haftende Meinung käme beim Untergang zur Abweisung der Klage des Käufers, da die Bedingung „si arbitratu iudicis is homo redhibebitur" nicht erfüllt ist[2]. Die Versagung der Redhibition läge auch deshalb nahe, weil die actio redhibitoria eine Restituere-Klage[3] ist[4] und zumindest die ältere (prokulianische) Auffassung mit dem Begriff restituere noch eine rein objektive Haftung verband[5].

Die Quellen zur actio redhibitoria lassen hingegen ein anderes Prinzip erkennen: Die Wandlung wird durch den zufälligen Tod des Skla-

---

[1] L. 1,1; 21 pr., 25,10; 29 pr. h. t. s. o.

[2] Diese formale Begründung findet sich für die restitutorische actio quod metus causa bei Ulp. D. 4,2,14,11: „si autem ante sententiam homo sine dolo malo et culpa mortuus fuerit tenebitur, et hoc fit his verbis edicti (= formulae): neque ea res arbitrio iudicis restituetur."
Zur Itp. dieser Stelle vgl. Faber, Coniecturae XVI, 19, 40, Mommsen ad h. L., Lenel, Palingenesie II, 464 Anm. 7, Pernice, Labeo II, 2, 1, 141 Anm. 1. Die Itp.-Verdächtigungen gehen zu weit. Im Ergebnis ist D. 4,2,14,11 wohl echt. Vgl. Kaser, Restituere als Prozeßgegenstand, 85 f., Biondi, Actiones arbitrariae, 58.

[3] Bei den Restituereklagen soll der Kläger so gestellt werden, wie wenn ihm ein Gegenstand schon zu einem früheren Zeitpunkt herausgegeben worden wäre, Gai. D. 6,1,20, Levy, SZ 36, 1 ff., 29 ff., 55 ff., Kaser, Restituere, 6 ff. m. w. N.

[4] Die actio redhibitoria ist zumindest schon von den klassischen Juristen als solche verstanden worden. Ulp. l. 1,1; 23,1; 23,7,9,29,2; 31,3,4,19; Paul. fr. 60 h. t. u. a. Vgl. Kaser, Festschrift Schulz II, 46; Restituere, 79 f., 100 f., Levy, SZ 36, 1 ff., 52 ff., der m. E. allerdings zu Unrecht den entscheidenden Zeitpunkt für die Restitution erst auf die l. c. bezieht.

[5] Vgl. vor allem Paul. D. 5,3,40 pr., Ulp. D. 6,1,15,3. Dazu Kaser, RP I, 436, RZ, 258 ff. m. w. N., Medicus, Zur Funktion der Leistungsunmöglichkeit im römischen Recht, SZ 86, 67 ff., 98, Kaser, Restituere, 78 ff., ders., Besitz und Verschulden bei den dinglichen Klagen, SZ 51, 92 ff., Herdlitczka, Zur Lehre vom Zwischenurteil (pronuntiatio) bei den sogenannten actiones arbitrariae, 91 ff., Erman, Besprechung von Leonhard, Die Replik des Prozeßgewinns, SZ 27, 405 ff., 411 f. Aus dem materiellen Restituere-Prinzip der Herstellung eines früheren Zustandes läßt sich die Risikoentscheidung nicht herleiten. So aber wohl Levy, SZ 36, 1 ff., 31 ff., 38.

ven nicht ausgeschlossen. Die römischen Juristen stellen Tod und Rückgabe gleich: „mortuo vel etiam redhibito", sprechen von der Wandlung
des Toten: „de mortuo redhibendo", oder sagen einfach, „daß der Tote
zurückgegeben werden kann": „mortuum redhiberi potest".

1. Ulp. l. 31,5,6 h. t.:

„Si plures heredes sint emptoris, an omnes ad redhibendum consentire
debeant, videamus. et ait Pomponius omnes consentire debere ad redhibendum dareque unum procuratorem, ne forte venditor iniuriam patiatur, dum
ab alio partem recipit hominis, alii in partem pretii condemnatur, quanti
minoris is homo sit. Idem ait *homine mortuo vel etiam redhibito* singulos
pro suis portionibus recte agere."

Ulpian behandelt den Fall, daß ein wandlungsberechtigter Käufer
mehrere Erben hinterlassen hat. Nach Pomponius müssen sie gemein-
schaftlich[6] klagen, wenn der Sklave noch bei den Erben ist. Ist er aber
bereits redhibiert, so kann jeder Miterbe den auf ihn entfallenden
Kaufpreisanteil selbständig einklagen. Der Ädil erteilt ihm eine besondere actio in factum[7] und bestimmt die Leistungen von vornherein
„pro portione". Dasselbe soll auch für den Tod des Sklaven gelten. Auch
hier wird die actio vom Ädil „pro portione" erteilt. Pomponius läßt
also die Wandlungsklage zu, obwohl schon feststeht, daß der Käufer zur
Zurückgabe des Sklaven nicht imstande ist. Andernfalls müßte der Ädil
ja gemeinschaftliche Klageerhebung verlangen.

2. Ulp. l. 31,24 h. t.:

„In his autem actionibus eadem erunt observanda, quae de partu fructibus
accessionibus quaeque de *mortuo redhibendo* dicta sunt."

Mit dem „pactum displicentiae" behielt sich der Käufer den Rücktritt
vor. In einer Zeit, in der dieses pactum nur einredeweise geltend gemacht werden konnte[8], gab es sicher nicht selten betrügerische Verkäufer, die den Käufer mit dem Hinweis auf den Rücktritt zum Kauf über-
redeten.

Wenn der Käufer, der seine Leistung schon erbracht hatte, zurücktreten wollte, hatte er keine Klage zur Rückerlangung des Kaufpreises.

---

[6] Wohl im Sinne einer Art notwendiger Streitgenossenschaft, dazu vgl.
Kaser, RZ, 151, Impallomeni, 251 f. Überflüssig scheint „dareque unum procuratorem". Auch ist die Begründung des Pomponius schief geraten. Die pro
parte Rückgabe des Sklaven ist doch nicht möglich (Ulp. a. E.). Auch das
„dum" paßt nicht.
Entgegen Monier, Garantie, 182, Beseler, Romanistische Studien, TR 8,
279 ff., 303 ist die Entscheidung aber im Kern für klassisch zu halten, so auch
Pringsheim, SZ 69, 282, Impallomeni, 215.
[7] Ulp. l. 31,17 h. t.: „In factum actio competit ad pretium reciperandum, si
mancipium redhibitum fuerit: in qua non hoc quaeritur, an mancipium in
causa redhibitionis fuerit, sed hoc tantum, an sit redhibitum ..."
[8] Zur Beschränkung auf Sklaven vgl. Impallomeni, 73.

Die Ädilen schafften diesen Mißstand für den Sklavenhandel ab, indem sie dem Käufer zur Wiedererlangung des Kaufpreises eine actio gaben, die der actio redhibitoria nachgebildet war[9]. Ulpian erklärt für die Rückgabeleistung auf der Käuferseite, daß bezüglich der Früchte hier dasselbe gelte und auch das, was über die Rückgabe des Toten gesagt ist, hier beachtet werden müsse.

3. Ulp. l. 38,3 h. t.:

„Et fere eadem sunt in his, quae in mancipiis, quod ad morbum vitiumve attinet: quidquid igitur hic diximus, huc erit transferendum. *et si mortuum fuerit iumentum, pari modo redhiberi poterit,* quemadmodum mancipium potest.“

Ulpian erläutert in fr. 38 .h. t. das Jumentenedikt. Dieses Edikt der Ädilen für den Verkauf von Zug und Lasttieren[10] ist jünger als das Edikt de mancipiis vendundis[11]. Es dehnt das Edikt de mancipiis vendundis auf iumenta aus. Es schrieb dem Verkäufer ebenfalls die Anzeige von Krankheiten und Gebrechen an den Käufer vor und gewährt wegen der nicht angezeigten Mängel wahlweise die actio redhibitoria binnen sechs Monaten oder die actio quanti minoris binnen einem Jahr[12].

Bei den iumenta gilt nun bezüglich der Fehler und Krankheiten fast dasselbe wie für die Sklaven[13]. Ulpian fügt hinzu, daß insbesondere auch der Rechtsgrundsatz gilt, daß der Tote redhibiert werden kann.

4. Paul. fr. 47 h. t.:

„Si hominem emptum manumisisti, et redhibitoriam et quanti minoris denegandam tibi Labeo ait, sicut duplae actio periret: ergo et quod adversus dictum promissumve sit, actio peribit. *Post mortem autem hominis aediliciae actiones manent.*“

Hier wird die gekürzte Ausdrucksweise der bisherigen Quellen verdeutlicht: „post mortem aediliciae actiones manent.“

---

[9] Ulp. l. 31,22 h. t.: „Si quid ita venierit, ut, nisi placuerit, intra praefinitum tempus redhibeatur, ea conventio rata habetur: si autem de tempore nihil convenerit, in factum actio intra sexaginta dies utiles accomodatur emptori ad redhibendum, ultro non ...“

[10] Zu der Erweiterung auf „pecora“ vgl. Kaser, RP I, 560 Anm. 65 m. w. N., Impallomeni, 75 ff.

[11] Vincent, 262 ff., Impallomeni, 75 ff.

[12] Ulp. l. 38 pr. 1 h. t.: „Aediles aiunt: Qui iumenta vendunt, palam recte dicunto, quid in quoque eorum morbi vitiique sit, utique optime ornata vendendi causa fuerint, ita emptoribus tradentur. si quid ita factum non erit, de ornamentis restituendis iumentisve ornamentorum nomine redhibendis in diebus sexaginta, morbi autem vitiive causa inemptis faciendis in sex mensibus, vel quo minoris cum venirent fuerint, in anno iudicium dabimus.“

[13] Vgl. dazu Impallomeni, 72.

Daß „mortuus redhibetur" aber nur den zufälligen Tod meint, folgt aus der Tatsache, daß der verschuldete Tod gesondert behandelt wird und — wie später zu zeigen sein wird — mit Hilfe einer anderen Fiktion.

Die Regel „mortuus redhibetur" greift aber bei jedem zufälligen, nicht verschuldeten Tod ein.

Honsell[14] liest aus den genannten Stellen dagegen heraus, daß der Untergang nur dann die Rückforderung des Kaufpreises nicht behindere, wenn er auf dem Mangel beruhe. Diese Einschränkung findet sich in den Quellen jedoch nirgends. Es wird dem „mortuus redhibetur" nur der Fall des verschuldeten Todes entgegengesetzt. Wenn der Zufall hier enger als sonst verstanden werden müßte, hätte das besonders hervorgehoben werden müssen.

§ 2 „Mortuus redhibetur" als Fiktion

Warum wählen die römischen Juristen den künstlichen Weg der Fiktion[15] „mortuus redhibetur" anstatt schlicht zu bestimmen, daß der Käufer wandeln kann? Warum wird die wirkliche Tatsache, daß der Sklave nicht mehr zurückgegeben werden kann[16] ersetzt durch die Fiktion, daß er zurückgegeben wird[17]?

Der schon von Jhering[18] genannte Konservatismus der römischen Juristen, die einen gültigen Rechtssatz (hier: ohne tatsächliche Rückgabe des Sklaven keine Verurteilung des Verkäufers) nicht offen durchbrechen wollten, wird auch hier bestimmend gewesen sein, sich der Fiktion zu bedienen. Durch den Kunstgriff der fiktiven Ersetzung wird

---

[14] Gefahrtragung und Schadensersatz bei arglistiger Täuschung, MDR 1970, 717 ff., 719.

[15] „Mortuus redhibetur" erfüllt die Merkmale einer Fiktion: die Wirklichkeit = „der tote Sklave wird nicht zurückgegeben" wird durch den Tatbestand „der Sklave wird zurückgegeben" ersetzt, nach diesem richten sich die Rechtsfolgen. Vgl. Bund, Untersuchungen zur Methode Julians, 123, Fischer, Fiktionen und Bilder in der Rechtswissenschaft, AcP 117, 143 ff., Bülow, Civilprozessualische Fiktion und Wahrheiten, AcP 62, 1 ff., 3, Bekker, System des heutigen Pandektenrechts II, 100.

[16] Die Meinung Lesers, 50 Anm. 84: „mortuus redhibetur = der Sklave könne auch als Leiche zurückgegeben werden", kann man den römischen Juristen kaum zutrauen.

[17] Haymann, Textkritische Studien zum römischen Obligationenrecht, SZ 41, 44 ff., 133 hält die These für jeden ernst zu nehmenden Juristen für undenkbar, als sei nach dem Tod des verkauften Sklaven der Vertrag so zu behandeln, wie wenn er übergeben worden wäre.

[18] Geist des römischen Rechts III, 304, ferner Grosso, Il tradizionalismo dei giuristi, Annali catania 6/7, S. 5, Fuller, What motives gives rise to the historical legal fiction?, Recueil Gény 2, 157 ff., Schulz, Prinzipien des römischen Rechts, 58, Pringsheim, Symbol und Fiktion in antiken Rechten, Studi de Francisci, IV, 211 ff.

eine Folgerung ermöglicht, die zu einem Ergebnis kommt, das man aus anderen, nicht ausgesprochenen Gründen, für richtig hält.

Diese Gründe für die Gleichsetzung sind erst zu prüfen[19].

§ 3 Erklärungsversuche des „mortuus redhibetur"

Donellus sah in „mortuus redhibetur" die allgemeine Regel, daß der Schuldner bei zufälligem Untergang befreit wird[20]. Das gemeine Recht folgte im wesentlichen dieser Betrachtungsweise. Worauf sich die gemeinrechtliche Lehre letztlich stützt und wie sie sich verändert hat, ist zwar, soweit ersichtlich, noch nicht völlig geklärt. Insbesondere darf nicht außer Betracht bleiben, daß die praktische Bedeutung und damit auch die wissenschaftliche Behandlung der actio redhibitoria durch eine Fülle von partikularrechtlichen Quellen, die eine Wandlung wegen Sachmangels ausschließen, gering geworden war. Im 18. Jahrhundert hat man ernsthaft diskutiert, ob die actio redhibitoria überhaupt eine Bedeutung hat. Die Erörterung der Folgeprobleme ist daher notgedrungenermaßen kursorisch[21]. Auch in der Folgezeit behielt man die Regel bei, daß der Schuldner durch zufälligen Untergang befreit wird[21a]. In einer Studie von 1885 setzte sich Eck[22] im Zusammenhang mit der Erörterung über die Weiterveräußerung der mangelhaften Sache dafür ein, auf die Redhibition die allgemeinen Unmöglichkeitsregeln des Austauschvertrages anzuwenden[23].

Strikt gegen die Anwendung von Begriffen aus dem Obligationenrecht wandte sich Bechmann[24]. Man solle sich hüten, die Vorleistung des Käufers als Verpflichtung des Käufers zu bezeichnen. Die Frage sei nicht die, was kann der Verkäufer verlangen, sondern unter welchen Voraussetzungen er sich den Redhibitionsanspruch gefallen lassen

---

[19] Bund, Zur juristischen Argumentation mit Fiktionen, 122 ff.

[20] Opera omnia, Tom. X: Commentariorum in selectos quosdam titulos Digestorum, 1321: Nec moveri debemus, quod res non sit, quae redhiberi possit. Nam ut maxime res venditori reddi debeat, tamen sive absque culpa emptoris res pereat, secundum regulam iuris debitor „liberatur", (l. si ex legati causa, de verb. obl.) sive culpa eius periit, aestimationem pro ea praestando facit, ut pro vivo is servus habeatur.

[21] Für den Hinweis auf diese Entwicklung in rechtshistorischer Sicht danke ich Herrn Professor Dr. Scherner.

[21a] Sintenis, Civilrecht II, 625, Dernburg, Pand. II, § 101, Anm. 10, Windscheid, Pandekten II, 691 Anm. 12, Hanausek, 143, Regelsberger, Pandekten I, 438. Übersicht über den Streitstand bei Conze, 24 f., Hasse, Die culpa des römischen Rechts, 297, 201, 330, 412.

[22] Beitrag zur Lehre von den ädilizischen Klagen I: die Statthaftigkeit der ädilizischen Klagen trotz Verfügung des Käufers über die Sache, Festgabe für Beseler, 159 ff., 164.

[23] S. 160 f., dazu vgl. Leser, 67 f.

[24] Kauf III, 2, 121, so auch Wesel, SZ 85, 94 ff., 141 ff.

müsse. Das Prinzip „mortuus redhibetur" erklärt Bechmann damit, daß durch den zufälligen Untergang nicht die causa redhibitionis erlösche[25].

Die Ablehnung der Regeln des Obligationenrechts hatte bereits Thibaut[26] vertreten, der für den verschuldeten Untergang[27] die Rechtsprechung des vorm. Königl. Sächs. Appellationsgerichtes[28] vor Augen hatte, daß nämlich der Käufer einer mangelhaften Sache sich bereits durch Gebrauch derselben der ädilizischen Rechte verlustig mache[29].

Die neuere romanistische Literatur geht das Problem „mortuus redhibetur" von der Prozeßformel an. Thielmann[30] nimmt unter Berufung auf Lenel[31] und Pernice[32] an, daß der Käufer, der den Tod beim Ädil vorzutragen hatte, eine modifizierte formula erhalten habe, in der die Restitutionsklausel fehlte. An deren Stelle sei die Anweisung an den Richter getreten, die Umstände des Todes zu berücksichtigen.

Für Biondi[33] bedeutet die Entscheidung „mortuus redhibetur" das Ergebnis der Interpretation der Restitutionsklausel, die im Ermessen des Richters stehe.

Gemeinsam ist den letztgenannten Autoren, daß sie die Entscheidung der römischen Juristen dogmatisch nicht hinterfragen. Die Frage des Untergangs ist ein formeltechnisches Problem. Denn über das Ergebnis, daß zufälliger Untergang die Wandlung nicht ausschließt, herrscht allgemeine Übereinstimmung[34].

Anders dagegen beim verschuldeten Untergang. Handelt es sich bei der Vorleistung des Käufers um eine „Obligation", so drängt sich das Institut der „perpetuatio obligationis" mit der Ersatzpflicht geradezu auf. Beispielhaft sei nur Donellus[35] genannt, „sive culpa eius periit, aestimationem pro ea praestando facit, ut pro vivo is servus habeatur"[36].

---

[25] III, 2, 123.
[26] System des Pandektenrechts I, § 498.
[27] Dazu siehe gleich.
[28] Nachweise bei V. Langenn / Kori, Erörterungen praktischer Rechtsfragen II, 80 ff., 84.
[29] So Mevius P. IV. decis. 341. Claproth, Von vorsichtiger Eingehung der Verträge, II, 921. Einschränkend Carpzov, Opus decisionum, III, dec. 222, Nr. 16 ff., weitere Nachweise bei Eck, 164 Anm. 5.
[30] Actio redhibitoria und zufälliger Untergang der Kaufsache, Studi Volterra II, 487 ff., 491.
[31] EP, 561 Anm. 2.
[32] Labeo II, 2, 1, 251.
[33] Actiones arbitrariae, 145, dazu siehe aber oben, 1. Kapitel.
[34] Vgl. Leser, 50 m.w.N., Impallomeni, 144 m.w.N., Manthe, Zur Wandlung des servus fugitivus, TR 44, 134 ff., 135 Anm. 1.
[35] s. o. Anm. 20.
[36] Im gemeinen Recht war die Zulassung der Ersatzleistung die überwie-

Ist die Vorleistung aber nur ein Recht des Käufers, so bedarf die Zulassung eines Surrogats einer besonderen Begründung.

Insbesondere Bechmann[37] verneint entschieden die Möglichkeit des Ersatzes, es sprächen keinerlei innere Gründe für die Bejahung dieser Frage. Das einseitige Recht des Käufers, die Wandlung herbeizuführen, sei verwirkt[38].

Die Vertreter der formelmäßigen Betrachtung kommen zu verschiedenen Ergebnissen.

Thielmann, der die Modifikation der Formel so vornimmt, daß die Wandlung nun nicht mehr durch die reale Vorleistung bedingt sei, sondern (nur noch) durch den zufälligen Tod, kommt automatisch zum Ausschluß der Wandlung beim verschuldeten Tod[39]. Eine Ersatzpflicht des Käufers läßt sich in seiner Formelkonstruktion nicht unterbringen.

Biondi läßt die Ersatzleistung zu. Sie könne aus dem Restituere hergeleitet werden. Nach seinem Ermessen könne der Richter auch eine Ersatzpflicht auferlegen[40].

Es sollen daher zunächst die römischen Quellen zum verschuldeten Untergang erörtert werden, um das knappe „mortuus redhibetur" und die dahinter stehende Wertung aufzuhellen.

§ 4 „Pro vivo habendus est"

Ulp. l. 31,11 h. t.:
„Si mancipium quod redhiberi oportet mortuum erit, hoc quaeretur, numquid culpa emptoris vel familiae eius vel procuratoris homo demortuus sit: nam si culpa eius decessit, pro vivo habendus est, et praestentur ea omnia, quae praestarentur, si viveret."

Wenn der Sklave, der zurückgegeben werden muß, gestorben sein wird, soll nach Ulpian danach gefragt werden, ob er durch Verschulden des Käufers oder seiner Familie oder seines Prokurators gestorben ist; denn wenn er durch Verschulden desselben verstorben ist, so sei er für lebend zu halten und es müsse alles das geleistet werden, was geleistet werden würde, wenn er lebte.

---

gende Ansicht. Windscheid, Pandekten II, 691, Dernburg, Pandekten II, § 101 N. 6, Hanausek, Haftung I, 144, Eck, 171 m. w. N., weitere Nachweise bei Leser, 47.

[37] Kauf III, 2, 124.

[38] In diesem Sinne auch Impallomeni, 142, der wie Bechmann die Analogie zur Obligation streng zurückweist. Ähnlich Thibaut, System I, § 498, v. Langenn / Kori, 84.

[39] 492.

[40] Vgl. Anm. 33.

Beseler[41] versteht „pro vivo habendus est" folgendermaßen: Hat der Käufer den Tod des Sklaven verschuldet, so befiehlt der Richter dem Käufer, den Sklaven (wie wenn er lebte) zurückzugeben. Da feststeht, daß der Käufer diesem Befehl nicht nachkommen kann, müsse der Verkäufer freigesprochen werden. Das „et praestentur ea omnia, quae praestarentur, si viveret" streicht Beseler als Glosse, die Falsches sage.

Gegen die Meinung Beselers spricht vor allem, daß der Sklave schon aufgrund der Tatsache, daß er gestorben ist, nicht zurückgegeben werden kann. Warum sollte dieses Ergebnis der tatsächlichen Unmöglichkeit der Rückgabe erst durch die Fiktion des Lebens erreicht werden[42]?

Diesem Einwand setzen sich Bechmann[43] und Impallomeni[44] nicht aus. Danach müsse „pro vivo habendus est" im Gegensatz zu „mortuus redhibetur" gesehen werden. Für den unverschuldeten Tod gelte „mortuus redhibetur". Bei Verschulden müsse der Sklave als lebend gedacht werden, d. h. „daher also nicht zurückgegeben". Die Römer hätten demnach erst die Fiktion „mortuus redhibetur" beseitigen müssen.

Diese komplizierte Doppelfiktion bietet aber nur ein Teilergebnis: Wenn der Sklave nicht tot ist, dann ist er noch nicht redhibiert. Nicht hingegen ergibt sich daraus der Ausschluß der Wandlung überhaupt[45]. Zu diesem nächsten Schritt kommt Impallomeni deshalb, weil auf den Käufer die Regeln über Schadensersatzleistun̄ nicht anwendbar seien[46].

Dieses Argument überzeugt bei Impallomeni nicht. Im folgenden Kapitel „Risarcimento per il danneggiamento arrecato dal compratore allo schiavo"[47] bejaht er ohne weiteres eine Schadensersatzleistung für die Verschlechterungen. Daneben muß eingewandt werden, daß Impallomeni das von ihm nicht gestrichene „et praestentur ea omnia ..." nicht erklären kann.

---

[41] Einzelne Stellen, SZ 45, 433 ff., 441.

[42] Die Idee der Verwirkung, daß der Sklave zwar zurückgegeben werden könnte, aber willkürlich vom Käufer zurückgehalten wird, trifft auch schon zu, wenn der Sklave durch Verschulden des Käufers gestorben ist.

[43] S. 124: „Die Worte pro vivo habendus est, stehen offenbar im Gegensatz zu der Parömie ‚mortuus redhibetur'."

[44] S. 142: „cioè lo considera vivo e non redibito."

[45] Bechmann und Impallomeni betrachten mortuus redhibetur beide als Fiktion der Erfüllung und nicht nur als Zulassung der Wandlungsklage.
Bechmann, 123: Buchstäblich wurde an dem Erfordernisse der Redhibition mittels einer Fiktion festgehalten.
Impallomeni, 143: la redizione, resa impossibile per fatto casuale, si ha per avvenuta.

[46] S. 142.

[47] S. 144.

Bechmann[48] erkennt die Echtheit des „et praestentur ea omnia, quae praestarentur, si viveret" an. Da dann vor allem aber der Sklave zurückgegeben werden müßte, sei der Anspruch ausgeschlossen. Auf eine Wertersatzleistung könne man das praestare nicht beziehen, da sich andernfalls das völlig unannehmbare Resultat ergebe, daß, auch wenn der Sklave wirklich am Leben wäre, der Käufer ohne weiteres den Wert anbieten könnte, womit der Spekulation Tür und Tor geöffnet wäre[49].

Das ist allerdings falsch. Der Judex erteilt selbstverständlich den Restitutionsbefehl nur über den Sklaven selbst, wenn dieser noch lebt[50]. Die Wertersatzleistung kommt nur bei nachgewiesenem Untergang in Betracht.

Bechmann sieht offenbar die Schwierigkeiten, wie Ulpian von „praestentur" sprechen kann, wo doch im Falle des Wandlungsausschlusses keine der Parteien etwas leisten muß.

Man kann seine Erklärung, „der Sprachgebrauch der Juristen sei bekanntlich sehr lässig und man könne ja immer eine hypothetische Verbindlichkeit annehmen"[51], den klassischen Juristen kaum zumuten.

Die Schwierigkeit des „et praestentur ..." ist von Bechmann nicht befriedigend gelöst.

Betti[52] bezieht „et praestentur ea omnia, quae praestarentur, si viveret" auf den Fall des unverschuldeten Todes. L. 31,11 sei wie folgt zu ergänzen:

„nam et si culpa eius decessit pro vivo habendus est et — *redhibitoria deneganda; quod si casu, ita redhibitoriae locus erit, ut ex parte venditoris* — praestentur ea omnia quae praestarentur si viveret."

Die Rekonstruktion Bettis ist nicht schlüssig: Einerseits soll danach nämlich bei kasuellem Tod der Verkäufer so leisten, wie wenn der Sklave leben würde — „si viveret". Andererseits aber führt nach Betti gerade die Tatsache, daß man sich den toten Sklaven als lebend denkt, — „pro vivo habendus est" — zum Ausschluß der Wandlung.

---

[48] S. 124.
[49] Diese Befürchtung erstaunt. Die Möglichkeit der Spekulation besteht bei der im römischen Recht geltenden Geldkondemnation doch auch sonst.
[50] Ulp. l. 25,10; 29 pr. h. t.
[51] S. 125 Anm. 1.
[52] Urteilsanmerkung zu Corte di Cassazione, 10. 12. 1924 in Rivista del diritto commerciale e del diritto generale delle obbligazioni 1925, II, 335 ff., 338 (a).

„Pro vivo habendus est" und „si viveret" kann nicht derart unterschiedlich verwendet worden sein. Im Gegenteil: Ein sachlicher Zusammenhang drängt sich geradezu auf[53].

Thielmann[54] streicht „et praestentur ...". Der nachklassische Bearbeiter habe sich die klassische Lösung des Falles der Deterioration des Sklaven für den Sachverhalt des vom Käufer zu vertretenden Todes zurechtgestutzt. Er streicht ebenfalls die Fiktion „pro vivo habendus est" als falsch und überflüssig. Die Formel sei ja beim Tod des Sklaven immer ohne Restitutionsklausel erteilt worden. Als Ausgangspunkt nimmt Thielmann an, daß es eine besondere Formel für den Tod des Sklaven gegeben habe. Er zieht als Gewährsmann Ulpian l. 31,13 h. t. heran:

> „Sed hoc dicemus, si ante iudicium acceptum decessit: ceterum si post iudicium acceptum decessisse proponatur, tunc in arbitrium iudicis veniet, qualiter mortuus sit: ut enim et Pedio videtur, ea, quaecumque post litis contestationem contingunt, arbitrium iudicis desiderant."

Die Entscheidung über die Art und Weise, wie der Sklave zu Tode gekommen ist, wird[55] in das arbitrium des iudex mit einbezogen, wenn sich der Tod *nach* der litis contestatio ereignet hat. Thielmann schließt mit einem argumentum e contrario, daß der Tod nicht in das arbitrium des iudex komme, sondern in der Formel bezeichnet sein müsse, wenn er sich *vor* der litis contestatio ereignet habe[56].

Die Bindung des iudex an den Formelwortlaut ergibt sich auch aus

Ulp. l. 25,8 h. t.:

> „... ea autem quae ante iudicium contingunt non valde ad eum pertinent, nisi fuerint ei nominatim iniuncta."

Der iudex kann nicht nach seinem Ermessen die Restitutionsklausel als erfüllt ansehen. Für den Fall der materiell zulässigen Wandlung ohne Rückgabe des Sklaven mußte der Käufer eine modifizierte Formel beim Ädil beantragen[57].

Thielmann folgert nun daraus, daß es eine besondere Formel für den Tod des Sklaven gegeben haben müsse, weiter, daß diese keine Restitutionsklausel enthalten haben könne, wenn der Käufer „in iure" vorträgt, daß der Sklave tot sei.

---

[53] Dazu siehe gleich, S. 41.
[54] Studi Volterra II, 493.
[55] Thielmann übersetzt frei „nur dann".
[56] S. 493.
[57] Vgl. oben 1. Kap. § 5.

Er konstruiert die Formel folgendermaßen:

„Si paret homini q. d. a. quem A^s A^s de N^o N^o emit, vitii quid cum veniret fuisse, quod N^s N^s adversus edictum illorum aedilium non pronuntiavit *isque homo non opera A^i A^i familiaeve procuratorisve eius mortuus esse* neque plus quam sex menses sunt, cum de ea re experiundi potestas fuit et quanta pecunia pro eo homine soluta accessionisve nomine data erit, non redderetur ... quanti ea res erit, tantam pecuniam iudex N^m N^m A^o A^o c., s. n. p. a."

Für eine Wertersatzleistung bleibt bei dieser Formel kein Raum. Thielmann kommt so auch ohne weiteres zum Ausschluß der Wandlung, wenn der Tod verschuldet ist. Mit „pro vivo habendus est" und „et praestentur..." in l. 31,11 kann er nichts anfangen.

Richtig ist, daß die Erteilung einer Restitutionsklausel auf *Naturalleistung* des Sklaven „absurd" wäre, wenn der Ädil[58] schon weiß, daß der Sklave nicht zurückgegeben werden kann[59]. Warum aber auch eine Restitutionsklausel, die Wertersatz vorsieht, ausgeschlossen sein soll, erklärt Thielmann nicht. Es trifft auch nicht zu, daß der Ädil ganz auf die Erteilung einer Restitutionsklausel verzichten konnte. Denn Früchte und Akzessionen des toten Sklaven mußte der Käufer auf jeden Fall auch beim zufälligen Tod restituieren[60]. Wenn also eine Restitutionsklausel zu Lasten des Käufers möglich sein muß, so kann in dieser Klausel auch eine Wertersatzleistung für den verschuldeten Untergang berücksichtigt werden.

Letztlich kann daher auch die formeltechnische Betrachtungsweise nicht zwingend herleiten, daß der *verschuldete* Untergang die Wandlung ausschließt, denn die Formel könnte hier ebenso gut wie folgt gelautet haben:

„Si paret ... tum si is homo mortuus est, *aut si A^i A^i opera familiaeve procuratorisve eius demortuus est, quanti ea res est, N^o N^o reddetur ...*"[61]

Die Ansicht Thielmanns befriedigt auch insofern nicht, als er l. 31,11 h. t. bis auf die banale Aussage zusammenstreicht, daß es im Falle des Todes auf das Verschulden des Käufers und seiner Leute ankommt.

---

[58] Nicht der Prätor, wie Thielmann fälschlicherweise annimmt.

[59] Dafür kann man als Quellenstütze auch l. 31,6 h. t. heranziehen, vgl. oben S. 31.

[60] Ob er auch Ersatz für Beschädigungen leisten mußte, ergibt sich aus den Stellen zur a. redh. nicht. Es ist aber unwahrscheinlich, vgl. Paul. D. 6,1,27,2: „Si homo petitus dolo possessoris deterior factus sit, deinde sine culpa eius alia causa mortuus sit, aestimatio non fiet eius, quod deteriorem eum fecerat, quia nihil interest petitoris ...", siehe dazu Kaser, Restituere, 69, Siber, RP, 101 Anm. 17.

[61] Ähnlich Eck, 166 Anm. 3.

„Pro vivo habendus est" soll falsch und überflüssig sein. Gerade diese Ausdrucksweise kann wegen ihrer klassischen Kürze kaum einem nachklassischen Bearbeiter zugetraut werden[62]. Das Argument, daß „pro vivo habendus est" doppeldeutig und daher juristisch wertlos sei, weil aus dieser Fiktion auch die Wertersatzleistung herausgelesen werden könne, überzeugt nicht[63].

Zuzugeben ist Thielmann[64] aber, daß „et praestentur ea omnia, quae praestarentur, si viveret" einen nachklassischen Eindruck macht, als ob der Glossator sich „pro vivo" noch etwas verdeutlichen wollte. Die Wiederholung des „praestare" stört. Das „ea omnia, quae praestarentur", ist undeutlich. Der Bearbeiter will sich offenbar nicht auf die Wertersatzleistung festlegen. Gegen die inhaltliche Richtigkeit spricht das aber nicht.

§ 5 „Pro vivo habendus est" als Grundlage für die Wertersatzleistung

„Pro vivo habendus est" führt zunächst dazu, daß die Fiktion „mortuus redhibetur" nicht eingreift, d. h., daß der Käufer seine Redhibitionsleistung noch nicht erfüllt hat[65].

Indem aber gerade diese Fiktion gewählt wird, ist darüber hinaus auch klargestellt, daß der Käufer noch als einer, der an sich erfüllen kann, anzusehen ist[66]. Der Sachuntergang wird ignoriert[67].

Die gleiche Fiktion findet sich bei der sogenannten „perpetuatio obligationis"[68].

Ulp. D. 45,1,82,1:
„Si post moram promissoris homo decesserit, tenetur nihilo minus, proinde ac si homo viveret."

---

[62] Vgl. näher zu der Beliebtheit dieses Kunstgriffs bei den Klassikern Bund, 122 ff.

[63] Schon gar nicht, wenn die Alternative nur in der Streichung als falsch besteht.

[64] Und Beseler, s. o. S. 37.

[65] Bechmann III, 2, 124, Impallomeni, 142.

[66] Mommsen, Beitr. zum Obligationenrecht I, 347 ff.

[67] Genzmeyer, Der subjektive Tatbestand des Schuldnerverzugs im klassischen römischen Recht, SZ 44, 86 ff., 102.

[68] Vgl. dazu Kaser, RP I, 514, ders., „perpetuari obligationem, SDHI 46 (1980), 87 ff., v. Lübtow, Beiträge zur Lehre von der Condictio nach römischem und geltendem Recht, 81, Medicus, Zur Funktion der Leistungsunmöglichkeit, SZ 86, 67 ff., 71 ff., Wollschläger, Die Entstehung der Unmöglichkeitslehre, 37, Pernice, Labeo II, 2, 109.

PS 5,7,4:

„Cum facto promissoris res in stipulatum deducta intercidit, perinde agi ex stipulatu potest, ac si ea res extaret."

Für die Stipulations-[69], Legats-[70] und Kondiktionsschuld[71] einer certa res wird durch die „perpetuatio obligationis" bzw. „rei"[72] bewirkt, daß der Leistungsgegenstand als fortbestehend behandelt wird, wenn der Untergang dem Schuldner zuzurechnen ist. Der Schuldner kann dank der Fiktion in den Wert der Sache verurteilt werden[73]. Ohne diese Fiktion müßte er freigesprochen werden, da das „dare oportere" der Klagformel nicht bejaht werden könnte[74].

Die Fiktion „ac si homo viveret" bedeutet aber nicht, daß der Schuldner, wenn er nicht real leistet, nun besonders sanktioniert werden müßte[75], gleichsam als ob er leisten könnte (ac si homo viveret), aber nicht leisten will. Die „perpetuatio obligationis" führt nicht zu einer Schadensersatzleistung im modernen Sinne[76]. Die ursprüngliche Obligation, die nach dem Grundsatz der „condemnatio pecuniaria" letztlich immer auf Geldleistung gerichtet ist[77], braucht nicht modifiziert zu werden. Sie wird lediglich aufrechterhalten[78].

Wenn nun bei Unmöglichkeitsfällen die Fiktion der Sachexistenz einerseits zu keiner besonderen Sanktion gegen den Schuldner führt und wenn sie andererseits so eng mit der Wertersatzpflicht verbunden ist[79], so konnte Ulpian „pro vivo habendus est" ohne nähere Angaben nicht in entgegengesetztem Sinne — daß der Käufer von der Wandlung ausgeschlossen sei — verwenden. Er hätte in diesem Fall die andere Bedeutung der Fiktion klarstellen müssen.

Die Wertersatzleistung[80] bei Untergang des Leistungsgegenstandes als allgemeiner Grundsatz[81] für jede Verpflichtung gilt auch bei der actio redhibitoria.

---

[69] Vgl. Ulp. D. 45,1,82,1, PS 5,7,4.

[70] Pomp. D. 30,36,3, Ulp. l. 53,5 eod., Marcian. l. 114,19 eod.

[71] Ulp. D. 12,4,5,2, Iul. D. 12,6,32 pr., Ulp. l. 26,12 eod.

[72] s. v. Lübtow, 81, Genzmer, 102.

[73] Zu dem Problem der Ästimierbarkeit vgl. Medicus, SZ 86, 71 ff., Kaser, RP I, 514 Anm. 5.

[74] Vgl. dazu Wollschläger, 35 m. w. N.

[75] So wird es für die actio redhibitoria aber von Beseler, Bechmann, Impallomeni vertreten.

[76] Genzmer, 101, Rabel, Die Unmöglichkeit der Leistung, Festschrift Bekker, 171 ff., 195, Pernice, 109, a. A. Kniep, Die Mora des Schuldners nach röm. und heutigem Recht II, 562 f.

[77] Kaser, RZ, 286 ff. m. w. N.

[78] Vgl. Genzmer, 102.

[79] Wollschläger, 37.

[80] Nur Wertersatz, nicht Schadensersatz, wie Eck, 168 annimmt.

[81] Vgl. Kaser, RZ, 286.

Andererseits: Die *reale* Vorleistung ist nicht unbedingt Voraussetzung für den Erfolg der Klage.

In fr. 26 h. t.[82] z. B. kann der Käufer statt realer Vorleistung die Rückgabe des Sklaven stipulationsweise versprechen. Wenn der Verkäufer später mit der condictio klagt, kann er letztlich auch nur Wertersatz erlangen. Für Beschädigungen läßt das Edikt ebenfalls Wertersatzleistung zu. Den Fall des verschuldeten Untergangs kann man sich unschwer auch als größtmögliche Verschlechterung vorstellen[83]. Ulp. l. 31,11 ist daher so zu verstehen, daß die Wandlung dem Werte nach zulässig bleibt[84]. Ob „et praestentur ...“ als nachklassisches Glossem zu verstehen ist[85], kann daher dahingestellt bleiben. Inhaltlich ist der Satz sicher richtig.

§ 6 L. 31,11 und 1. 47,1 i. V. m. 1. 48 pr. h. t.

Im Widerspruch mit dem bisher Gesagten scheint aber l. 47,1 in Verbindung mit l. 48 pr. zu stehen.

Paulus l. 47,1 h. t.:
„Post mortem autem hominis aediliciae actiones manent.“

Pomponius l. 48 pr. h. t.:
„Si tamen sine culpa actoris familiaeve eius vel procuratoris mortuus sit.“

In l. 47,1 nimmt Paulus zunächst die Fortdauer der ädilizischen Klage auch beim Tod des Sklaven an, ohne diesen Satz auf die zufällige Tötung zu beschränken[86]. Daran haben aber die Kompilatoren einen Teil eines Pomponiussatzes angehängt[87], der einschränkend fortfährt „si tamen sine culpa actoris mortuus sit“.

---

[82] Gaius: „Videamus tamen, ne iniquum sit emptorem compelli dimittere corpus et ad actionem iudicati mitti, si interdum nihil praestatur propter inopiam venditoris, potiusque res ita ordinanda sit, ut emptor caveat, si intra certum tempus pecunia sibi soluta sit, se mancipium restituturum.“ Dazu vgl. Impallomeni, 138.

[83] Eck, 168 ff., Biondi, Actiones arbitrariae, 140 Anm. 2, 145 f.

[84] Eck, 171 f., Biondi, 145, Lepenau, Die Rückgabe der verkauften Sache gem. der actio redhibitoria nach gemeinem Civilrecht, 13, Windscheid, 691 Anm. 12 m. w. N., für die gemeinrechtliche Literatur.

[85] s. o. Thielmann, 493.

[86] Vgl. Eck, 171.

[87] Zu l. 48 pr. vgl. Eck, 171, Biondi, 140 Anm. 2, Besprechung von Études d'histoire juridique offertes à Girard par ses élèves, in: Bull. 29 (1916), 223 ff., 244, 233 ff., Monier, 176, Pringsheim, SZ 69, 249, Betti, „Periculum“, problema del rischio contrattuale in diritto romano classico e giustinianeo, Studi de Francisci I, 131 ff., 162, Medicus, SZ 86, 67 ff., Kaser, Restituere, 78, 212.

Daraus ist abgeleitet worden, daß bei Verschulden des Käufers die „actiones aediliciae non manent"[88].

Bei einer Abwägung der Aussage in l. 31,11 „et praestentur ea omnia" und dieser Aussage des Pomponius spricht schon die seltsame Zusammenstückelung der beiden Paragraphen gegen ihre Glaubwürdigkeit[89]. Aber auch inhaltlich ist der so verstandene Pomponiussatz nicht richtig: Die actio quanti minoris wird durch den verschuldeten Untergang nämlich in keiner Weise berührt[90].

Möglicherweise hat Pomponius die Wertersatzpflicht für den Fall des Todes erörtert. Einschränkend wird er hinzugefügt haben: „wenn jedoch[91] der Tod ohne Verschulden eingetreten ist, entfällt die Ersatzpflicht"[92].

Als Beweis für die Ausschlußlösung eignet sich l. 48 pr. nicht. Die Verknüpfung von fr. 47 mit l. 48 pr. erscheint als Beispiel kompilatorischen Ungeschicks[93].

Als Ergebnis kann festgehalten werden, daß die römischen Juristen für den Fall des verschuldeten Untergangs der zurückzugebenden Sache durchaus Vorstellungen von den Obligationen auf dare einer certa res übernommen haben.

Die Rückgabeleistung wurde — abgesehen von der prozessualen Notwendigkeit, daß sie als Vorleistung erbracht werden mußte[94], als Verpflichtung des Käufers betrachtet, die mit „oportere" beschrieben werden konnte[95].

---

[88] Vgl. Bechmann III, 2, 124 Anm. 3, Impallomeni, 142 Anm. 22, Thielmann, 494, Glück, Pandekten XX, 75 f., Gesterding, Sieben Abhandlungen aus der Lehre vom Edikt der Ädilen, Zeitschrift für Civilrecht und Prozeß VI, 1 ff., 34 ff.

[89] Vgl. Eck, 171, Conze, 26.

[90] Vgl. Eck, 171.

[91] So ließe sich das „tamen" erklären, das bei Fortsetzung des Paulus-Satzes nicht paßt.

[92] In diesem Sinne auch Eck, 171.

[93] Eine sachliche Aussage — Ausschlußlösung — ist von den Kompilatoren wohl nicht bezweckt.

[94] Daraus leitet Wesel, SZ 85, 142 zu Unrecht her, daß die actio redhibitoria ein einseitiges Recht des Käufers sei. Insbesondere ist auch die Argumentation aus dem Begriff der redhibitoria verfehlt, dazu später.

[95] Ulp. l. 31,11 h. t.: „si mancipium quod redhiberi oportet ..." Zu dem Gebrauch des „oportere" vgl. Pariente, Emerita 11, 412 ff., 415.

§ 7 Struktur der Rückgabeverpflichtungen

1. Condictio indebiti als Vorbild?

Für die dogmatische Erfassung der actio redhibitoria ist in der Literatur gelegentlich die condictio herangezogen worden[96]. Anlaß dazu gab die Behandlung der actio redhibitoria im Zivilrechtssystem des Sabinus[97]. Auffällig ist zunächst, daß dort diese honorarrechtliche actio überhaupt Eingang fand[98]. Daneben fällt auf, daß sie nicht etwa bei der emptio venditio[99], sondern nach der condictio[100] behandelt wurde.

Mit der condictio indebiti kann die actio redhibitoria aber nicht verglichen werden. Insbesondere fehlt jedes Quellenzeugnis, daß die condictio auch zu einer *zwei*-seitigen Rückabwicklung verwandt werden konnte. Die Auffassung, daß die Behandlung der actio redhibitoria im Sabinussystem unter dem Gesichtspunkt der condictio erfolgte, ist auch aus anderen Gründen abzulehnen:

Sabinus hat nach der condictio Fragen, die mit den Argentariern zusammenhängen, erörtert[101], wahrscheinlich unter dem Gesichtspunkt des Litteralkontrakts[102]. Im Edikt des praetor urbanus ist die ädilizische Sachmängelhaftung als exceptio gegen den klagenden Argentarier genannt[103]. Denkbar ist nun, daß Sabinus bei Erörterung der Fragen, die die Argentarierklagen betreffen, auch die exceptio redhibitionis ansprach[104]. Die römischen Juristen konnten nun in ihren Kommentaren ad Sabinum die actio redhibitoria losgelöst von diesem ursprünglichen Zusammenhang behandeln[105].

---

[96] Vincent, 19 ff. Affolter, Das römische Institutionen-System, sein Wesen und seine Geschichte I, 13 ff.

[97] Vgl. Lenel, Palingenesie II, 1258, Voigt, Über das Aelius- und Sabinussystem, Abhandlungen der philol.-histor. Klasse der königl. sächsischen Gesellschaft der Wissenschaften, 319 ff.

[98] Vincent, 17.

[99] Gerade auf Sabinus geht die Ausdehnung des Edikts auf alle Käufe von animalia zurück, Pomp. l. 48,5/6 h. t.

[100] Es folgte die stipulatio, vgl. Lenel, Palingenesie II, 1258.

[101] Vgl. Ulp. D. 18,1,32, dazu Lenel, Das Sabinussystem, Festgabe Jhering, 8 ff., 77.

[102] Lenel, 77.

[103] Lenel, EP, 503 f. Zur Funktion des Argentarius (= Bankier) als Auktionator vgl. Thielmann, Die römische Privatauktion, 48. Der Bankier zahlte bei Versteigerungen dem Veräußerer direkt aus und kreditierte in der Regel dem Ersteigerer den Preis.

[104] Lenel, Sabinussystem, 77.

[105] Möglicherweise konnte das iudicium redhibitorium zunächst nur einredeweise wirken: das Edikt de mancipiis vendundis nennt im Gegensatz zu dem jüngeren Edikt de iumentis vendundis nur die Rückgabe des Sklaven, nicht auch des Preises.

Diese Ansicht kann erklären, wie die honorarrechtliche actio redhibitoria in das Zivilrechtssystem des Sabinus gekommen ist. Sie verdient den Vorzug vor derjenigen, die die Nähe zur condictio als Ausgangspunkt hat.

2. Kauf mit vertauschten Rollen?

Das Rückabwicklungsverhältnis ist von Hasse[106] als Kauf mit vertauschten Rollen bezeichnet worden. Von einem Kauf mit vertauschten Rollen kann jedoch bei der actio redhibitoria nicht gesprochen werden. Die für die Abwicklung des Kaufvertrages wesentliche bona fides wird bei der actio redhibitoria an keiner Stelle erwähnt[107]. Auch gibt das Prinzip der „quasi in integrum restitutio"[108] der actio redhibitoria eine Zielrichtung, die einer Schadensersatzklage näher steht als einem Vertrag. Auch die Verwandtschaft der Käuferhaftung für Verschlechterungen mit der aquilischen Haftung[109] spricht gegen die von Hasse vorgenommene Gleichstellung mit dem Kaufvertrag mit vertauschten Rollen.

3. Die actio redhibitoria als eigenständige Rückabwicklungsklage

Auf bestimmte Vorbilder konnten die römischen Juristen bei der Ausgestaltung der actio redhibitoria nicht zurückgreifen. Denn die Wandlung ist überhaupt das erste gesetzliche Rückabwicklungsverhältnis des römischen Rechts. Wenn dieses Rückabwicklungsverhältnis auch nicht vertraglicher Natur ist, so haben die römischen Juristen doch wesentliche Merkmale des Austauschvertrages für die actio redhibitoria übernommen. Der Gedanke des Synallagmas z. B. wird von Paulus auch für die Wandlung herangezogen.

Paulus l. 57 pr. h. t.:
„Si servus mancipium emit et dominus redhibitoria agat, non aliter ei venditor daturus est, quam si omnia praestiterit quae huic actioni continentur et quidem solida, non peculio tenus: nam et si ex empto dominus agat, nisi pretium totum solverit, nihil consequitur."

Ein Pekuliumsklave kauft einen Vikarsklaven, der mit Mängeln behaftet ist. Der Verkäufer braucht den Preis nur zurückzuzahlen, wenn der Käufer alles leistet, was ihm die Redhibitionsformel auferlegt und ohne daß er seine Leistung auf den Wert des Pekuliums beschränkt.

---

[106] Culpa, 412.
[107] Vgl. Pernice, Labeo 2, 1, 289.
[108] Vgl. Ulp. l. 23,7 h. t.
[109] s. o. S. 28.

Paulus beruft sich auf das Synallagma bei der Primärabwicklung des Kaufvertrages: „nam et si ex empto dominus agat, nisi pretium totum solverit, nihil consequitur"[110].

Die gegenseitige Abhängigkeit der Rücktrittsleistungen wird auch von Ulpian hervorgehoben.

Ulp. l. 29 pr. h. t.:
„Illud sciendum est, si emptor venditori haec non praestat, quae desiderantur in hac actione, non posse ei venditorem condemnari."

Für den Gedanken des Synallagmas läßt sich noch eine andere Beobachtung anführen: Um das Freiwerden des Käufers auszudrücken, benutzten die römischen Juristen die Fiktion der Erfüllung[111] der Redhibitionspflicht. Daher ist es verfehlt, in „mortuus redhibetur" lediglich den Grundsatz verwirklicht zu sehen, daß der Schuldner durch zufälligen Untergang befreit werde[112].

Daraus ergibt sich, daß das Wegfallen der Käuferleistung, sofern es nicht durch Erfüllung erfolgt, an sich auch den Wegfall der Gegenleistung zur Folge hätte. Ohne die Fiktion der Erfüllung des Käufers hätte daher aus der Struktur der actio redhibitoria auch der Wegfall der Verkäuferleistung folgen müssen.

§ 8 Gründe für die Entscheidung „mortuus redhibetur"

Seckel und Levy[113] nehmen an, daß sich die Risikoverteilung daraus ergebe, daß der Sachmangel ein Perfektionshindernis[114] darstelle und die Gefahr des Untergangs oder Schlechterwerdens daher auf dem Verkäufer laste, solange der Mangel vorhanden sei. Dogmatisch betrachtet sei das Ädilenrecht ein positiv-rechtlich erweitertes periculum venditoris[115].

Dieser Auffassung steht jedoch Paulus l. 43,9 h. t. entgegen, wonach die Sachmängelhaftung gerade voraussetzt, daß der Kauf schon perfekt ist[116].

---

[110] Vgl. dazu Benöhr, Das sogenannte Synallagma in den Konsensualkontrakten des klassischen römischen Rechts, 68.

[111] Vgl. Mommsen, Beitr. zum Obligationenrecht, I, 349.

[112] Donellus, s. o. S. 34 Anm. 20.

[113] Die Gefahrtragung beim Kauf im klassischen römischen Recht, SZ 47, 117 ff., 238.

[114] Das periculum emptoris knüpfte an die Perfektion des Kaufes an, vgl. Paulus D. 18,6,8 pr.

[115] S. 240.

[116] Ablehnend auch Haymann, Anfechtung, Sachmängelgewähr und Vertragserfüllung beim Kauf, 17.

Paulus l. 43,9 h. t.:

„Si sub condicione homo emptus sit, redhibitoria actio ante condicionem exsistentem inutiliter agitur, quia nondum perfecta emptio arbitrio iudicis imperfecta fieri non potest[117]."

Aber auch die Tatsache, daß die römischen Juristen die Fiktion „mortuus redhibetur" verwenden, spricht gegen die Meinung von Seckel und Levy, die die Risikoverteilung in das Primärverhältnis Kauf verlegen. Denn „mortuus redhibetur" bezieht sich auf die *Rückgabe*pflicht des Käufers, nicht auf die primären Leistungspflichten.

Die Risikoentscheidung ist für das *Rückabwicklungsverhältnis* getroffen.

Man könnte erwarten, daß der Käufer, der die Sache als ihm gehörend[118] besessen hat, auch das Risiko des zufälligen Untergangs zu tragen habe: „casum sentit dominus". Gleichwohl haben es die Römer dem Verkäufer auferlegt.

Die Charakterisierung der actio redhibitoria als „quasi in integrum restitutio"[119] erklärt die Gefahrtragung nur zu einem Teil: Nur wenn der Sachuntergang auch beim Verkäufer eingetreten wäre, stehen beide Parteien, wie sie ohne Abschluß des Kaufvertrages stünden[120]. In der Mehrzahl der Fälle wird sich der zum Untergang führende casus aber nur beim Käufer ereignet haben. Auch dieser Umstand wird dem Verkäufer zugerechnet, obwohl er mit dem Sachmangel nichts mehr zu tun hat und eine Verhinderungsmöglichkeit viel eher beim Käufer als beim Verkäufer liegt[121].

Bechmann sieht die Risikoverteilung zu Lasten des Verkäufers als notwendige Konsequenz des Grundgedankens an, daß der Verkäufer die mangelhafte Sache nicht ohne weiteres hätte verkaufen sollen[122].

Thielmann sieht die Erklärung der römischen Entscheidung darin, daß man das Verkaufen einer fehlerhaften Sache für mißbilligenswert fand und aus diesem Grunde eine Art von „Bestrafung" des Verkäufers durch die Verlagerung der Gefahr des zufälligen Sachverlustes für gerechtfertigt hielt.

Er verweist auf den pönalen Charakter der actio redhibitoria[123]. Die pönalen Elemente finden sich in mehreren Quellen:

---

[117] Vgl. dazu Vassalli, Dies vel condicio, Bull. 27 (1914), 192 ff., 217 Anm. 1.
[118] Ulp. D. 47,2,17,2.
[119] Ulp. l. 23,1/7, Paulus fr. 60 h. t.
[120] z. B. Überschwemmungen oder Brandkatastrophen, die sowohl den Käufer als auch den Verkäufer bestrafen.
[121] Dazu Thielmann, Studi Volterra II, 503 ff., Kauf III, 2.
[122] S. 123.
[123] S. 508, so auch Impallomeni, 143.

Ulp. l. 1,2 h. t.:

„Causa huius edicti proponendi est, ut occurratur fallaciis vendentium et emptoribus succurratur, quicumque decepti a venditoribus fuerint[124]."

l. 23,4 h. t.:

„. . . quamvis enim poenales videantur actiones . . ."

Cicero, de officiis 3,71:

„Nec vero in praediis solum ius civile ductum a natura malitiam fraudemque vindicat, sed etiam in mancipiorum venditione venditoris fraus omnis excluditur. qui enim scire debuit de sanitate, de fuga, de furtis, praestat edicto aedilium . . ."

Eine unmittelbare Ableitung der Risikoentscheidung aus der Pönalität erscheint jedoch nicht überzeugend. Denn wie weit die pönalen Elemente der actio redhibitoria über die verschuldensunabhängige Haftung des Verkäufers hinausreichen, kann nicht sicher beantwortet werden, zumal ja für die Rückabwicklung auch der ausgleichende Charakter der Wandlung berücksichtigt wird:

Ulp. l. 23,1 h. t.:

„. . . ut uterque resoluta emptione nihil amplius consequatur, quam non haberet, si venditio facta non esset."

Ulp. l. 23,7 h. t.:

„Iulianus ait iudicium redhibitoriae actionis utrumque, id est *venditorem* et emptorem, quodammodo in integrum restituere debere."

Es bleibt zu erwägen, ob nicht spezifischere Gesichtspunkte als der Strafcharakter der actio redhibitoria zu der Risikoverteilung zu Lasten des Verkäufers geführt haben:

Die Risikoverteilung bei zufälligem Tod scheint für die römischen Juristen so selbstverständlich gewesen zu sein, daß sie eine Begründung für entbehrlich hielten. Andererseits legt aber gerade die Ausgestaltung der actio redhibitoria als beiderseitige Rückabwicklungsklage die Gefahrtragung des Verkäufers nicht nahe. Denn wenn der Käufer seinen Kaufpreis wieder erlangen will, so muß er auch den Sklaven zurückgeben. Dies betonen Ulpian und Julian deutlich, wenn sie auf die dogmatische Struktur der actio redhibitoria eingehen: „Käufer *und Verkäufer* sollen in den früheren Zustand versetzt werden[125]." Dennoch übernehmen sie die Entscheidung „mortuus redhibetur" gleichsam als eine seit alters bestehende Regelung.

Über die Ursprünge des iudicium redhibitorium ist freilich nicht viel bekannt. Von den älteren Kommentaren ist lediglich der des Sabinus

---

[124] Vgl. hierzu aber Thielmann, 515 Anm. 13, Biondi, Actiones arbitrariae, 139.

[125] Vgl. Ulp. l. 32,1, l. 23,7 h. t.

erhalten. Bei Sabinus fällt jedoch auf, daß er das iudicium redhibitorium nicht als actio behandelt. Er ordnet es nur den Einreden zu[126]. Als Rückabwicklungsklage kommt sie bei Sabinus nicht vor. Aber auch das ältere Edikt „de mancipiis vendundis[127] enthält nur ein einseitiges iudicium über die Rückgabe des Sklaven, nicht aber das — doch wichtige — iudicium über die Rückzahlung des Kaufpreises[128]. Diese Beobachtung könnte einfach dahingehend zu erklären sein, daß die Rückzahlung des Kaufpreises so selbstverständlich war, daß sie einer besonderen Erwähnung nicht bedurfte.

Die fehlende Erwähnung der Kaufpreisrückzahlung im Edikt und bei Sabinus kann jedoch auch auf die bis dahin im römischen Recht bestehende Übereinstimmung zurückzuführen sein, daß ein einmal abgewickelter Vertrag nicht mehr rückgängig gemacht werden kann. Nur bei „re non secuta" war ein Rücktritt möglich[129]. Dies würde aber für die Wandlung bedeuten, daß der Käufer noch nicht bezahlt haben darf. Wenn er unter dieser Voraussetzung feststellt, daß der Sklave mangelhaft ist, kann er ohne weiteres vom Kauf Abstand nehmen und den Sklaven zurückgeben[130]. Den Kaufpreis braucht er nicht zu bezahlen.

Unter diesen Umständen erscheint die Risikoverteilung in einem ganz anderen Licht als bei der Annahme eines beiderseitigen Rückabwicklungsverhältnisses. Denn das Leistungsverweigerungsrecht des Käufers ist endgültig und vom Sachschicksal unabhängig. Der Käufer kann nie mehr gezwungen werden, für eine mangelhafte Sache etwas zu bezahlen, auch dann nicht, wenn die Sache zufällig untergegangen ist. Denn von seiner Verpflichtung zur Kaufpreiszahlung ist der Käufer durch die Mangelhaftigkeit endgültig befreit. Freilich, wenn er den Sklaven noch hat, muß er ihn zurückgeben, damit eine Bereicherung verhindert wird. Aber seine Einrede ist im Prinzip vom Sachschicksal unabhängig[131].

Denkbar ist nun, daß die älteren römischen Juristen nicht imstande waren, die dogmatische Vorstellung eines beiderseitigen Rückabwicklungsverhältnisses bei der Wandlung zu entwickeln, sondern zunächst bei dem einseitigen Freiwerden des Käufers stehenblieben.

---

[126] Vgl. oben S. 45.

[127] Nicht das jüngere Jumentenedikt.

[128] Vgl. dazu Bechmann, Kauf III, 2, 131.

[129] Vgl. dazu Stoll, Die formlose Vereinbarung der Aufhebung eines Vertragsverhältnisses im römischen Recht, SZ 44, 1 ff., Knütel, Contrarius consensus, 27 ff.

[130] Daher ist auch eine Fristbestimmung für die Wandlung zunächst nicht nötig.

[131] Glaß, Gefahrtragung und Haftung beim gesetzlichen Rücktritt, 26.

Erst die jüngeren Juristen haben das Rückabwicklungsverhältnis ausgebildet und dadurch die Rückzahlungspflicht des Verkäufers von der Rückgabe des Käufers abhängig gemacht. Dabei ist die überkommene Lösung, daß auch der Tote gewandelt werden kann, übernommen worden.

In Ulp. l. 31,12 h. t. wird darüber hinaus jedoch ein neuer Ansatzpunkt sichtbar.

Ulp. l. 31,12 h. t.:
„Culpam omnem accipiemus, non utique latam: propter quod dicendum est, quamcumque occasionem morti emptor praestitit, debere eum: etiam si non adhibuit medicum, ut sanari possit, vel malum adhibuit, sed culpa sua."

Ulpian erläutert hier, an welche Todesfälle er beim Verschulden des Käufers denkt: Der schon kranke Sklave wird nicht zum Arzt geschickt und stirbt deswegen. Der Tod wird also zumindest bei der Verschuldensregelung in Bezug zu dem zur Wandlung berechtigenden Mangel gebracht.

Daneben betont Ulpian jedoch auch, daß er jede Todesverursachung als erheblich ansieht: „quamcumque occasionem morti emptor praestitit." Eine Einschränkung aus dem Grund der Verwirklichung des Mangels wird also von Ulpian weder für die Verschuldensregelung noch für „mortuus redhibetur" gefolgert.

Dies zeigt, daß die jüngeren römischen Juristen bei der Entwicklung des beiderseitigen Rückabwicklungsverhältnisses eine angemessene Risikoverteilung, wie sie Ulp. l. 31,12 h. t. im Ansatz enthält, nicht konsequent durchführten, sondern im Festhalten an dem überkommenen Grundsatz „mortuus redhibetur" auf halbem Wege stehen blieben.

Viertes Kapitel

Veräußerung der mangelhaften Sache durch den Käufer

§ 1 Paulus l. 43,8 h. t.

Den Fall der Veräußerung sowie andere rechtliche Verfügungen des Käufers über die mangelhafte Sache behandelt Paulus in l. 43,8 h. t.:

> „Pignus manebit obligatum, etiamsi redhibitus fuerit servus: quemadmodum, si eum alienasset aut usum fructum eius, non recte redhibetur, nisi redemptum, sic et pignore liberatum redhibetur."

Danach erlischt durch die Wandlung das von dem Käufer bestellte Pfandrecht nicht. Wenn der Käufer die mangelhafte Sache weiterveräußert hat oder einen Nießbrauch an ihr bestellt hat, muß er sie zurückerwerben, um auf die richtige Weise zu redhibieren. So muß er auch die Sache vom Pfandrecht befreit zurückgeben.

Das von Paulus aufgeworfene Problem ist die Wirkung der Redhibitio auf die vom Käufer bestellten Rechte Dritter an der Sache. Seine Entscheidung lautet: „pignus manebit obligatum, etiamsi redhibitus fuerit servus". Paulus lehnt die dingliche Wirkung der Wandlung ab: Der Käufer soll nicht die von ihm selbst begründeten Rechte Dritter einseitig[1] aufheben können[2], indem er die in seinem Belieben stehende Wandlungsklage erhebt.

Wenn die Ausübung des Rücktritts hingegen beim Verkäufer liegt, wird dem Rücktritt insoweit dingliche Wirkung zugeschrieben[3], vgl. Ulpian zur „in diem addictio"[4].

D. 18,2,4,3:
> „Sed et Marcellus libro quinto digestorum scribit pure vendito et in diem addicto fundo si melior condicio allata sit, rem pignori esse desinere, si emptor eum fundum pignori dedisset . . ."

---

[1] Vgl. auch Ulp. D. 20,6,4 pr.: „Si debitor, cuius res pignori obligatae erant, servum quem emerat redhibuerit, an desinat Servianae locus esse? et magis est, ne desinat, nisi *ex voluntate creditoris* hoc factum est."

[2] Vgl. Wesel, SZ 85, 94 ff., 157.

[3] Vgl. dazu Wesel, 94 ff., 157.

[4] Die „in diem addictio" gibt dem Verkäufer ein Rücktrittsrecht, wenn er binnen einer bestimmten Frist einen besseren Käufer findet, namentlich einen, der einen höheren Preis bezahlt. Vgl. dazu Kaser, RP I, 561.

D. 20,6,3:

„Si res distracta fuerit sic, nisi intra certum diem meliorem condicionem invenisset, fueritque tradita et forte emptor, antequam melior condicio offerretur, hanc rem pignori dedisset, Marcellus libro quinto digestorum ait finiri pignus, si melior condicio fuerit allata. quamquam, ubi sic res distracta est, nisi *empori* displicuisset, pignus finiri non putet."

Wenn der Käufer aber mit der actio redhibitoria klagt, hat er selbst für die Beseitigung der in der Zwischenzeit bestellten Rechte zu sorgen: Er muß das Pfand oder den Nießbrauch ablösen, so wie er auch die Sache im Falle der Weiterveräußerung zurückerwerben muß.

§ 2 Mißlingen der Ablösung bzw. des Rückerwerbes

Falls die Ablösung oder der Rückerwerb mißlingt, so sagt Paulus: „non recte redhibetur".

Die h. M. versteht „non recte redhibetur" als Ausschluß der Wandlung[5]. „Non recte redhibetur, nisi redemptum" bestätige — „zu allem Überfluß"[6] — das bekannte Prinzip, daß der Käufer bei der actio redhibitoria die Sache (in Natur) zurückgeben müsse, um den Kaufpreis zurückzuerhalten. Wertersatz anstelle der Sache sei nicht zugelassen.

Lepenau[7], ihm folgend Conze[8] und Bellerstein[9], sehen dagegen in l. 43,8 h. t. nur die *regelmäßige* Voraussetzung der Redhibition bezeichnet. An den Fall, daß es dem Käufer nicht möglich sei, die Sache zurückzuerwerben, sei nicht gedacht. L. 43,8 enthalte nur eine „Mahnung", bleibe jedoch ohne rechtliche Konsequenzen[10].

Die Meinung Lepenaus überzeugt nicht. Daß der Käufer grundsätzlich die Sache in Natur zurückgeben muß, wenn er mit der actio redhibitoria klagt, ergibt sich aus Ulp. l. 21 pr. h. t. und l. 29 pr. Auch wenn

---

[5] Bechmann III, 2, 126, Westphal, Kauf nach gemeinem Recht, § 538, Hanausek, Haftung I, 147, II, 265 Anm. 19. Treitschke, Der Kaufcontract, 368. Kieschke, De aediliciarum actionum doctrina, Diss. Regimonti 1873, 89, Unterholzner, Die Lehre des röm. Rechts von den Schuldverhältnissen, 275, Impallomeni, 143 Anm. 23, Kempkes, Wird durch Verfügung des Käufers über die mangelhafte Sache die actio redhibitoria ausgeschlossen?, Diss. Erlangen 1897, 19.

[6] Kempkes, 13.

[7] Die Rückgabe der verkauften Sache gem. der actio redhibitoria nach gem. Civilrecht, Diss. Göttingen 1890, 20.

[8] Der Einfluß einer Verfügung des Käufers über die Kaufsache auf die ädilizischen Rechtsmittel, Diss. Berlin 1903, 41.

[9] Die Rückgabe der verkauften Sache in Fällen der actio redhibitoria, Diss. Erlangen 1896, 14 ff.

[10] Die genannten Autoren berufen sich fälschlicherweise auf die Meinung Ecks. Zu dieser siehe gleich, S. 57.

dieser Grundsatz durchbrochen werden kann[11], so bleibt er mehr als nur eine *Mahnung* an den Käufer. Darüber hinaus ist Lepenau entgegenzuhalten, daß Paulus ein konkretes juristisches Problem nicht mit einem *rechtlich unerheblichen* Hinweis gelöst haben wird. Ohne juristische Relevanz kann „non recte redhibetur" schwerlich sein[12].

„Recte" bedeutet, den Vorschriften des Rechts gemäß, mit rechtlicher Wirkung[13]. Eine Rückgabe der Sache ohne vorherige Ablösung erfüllt daher nicht die vom Recht geforderten Voraussetzungen der actio redhibitoria.

§ 3 Vergleichbarkeit der Veräußerung
mit der schuldhaften Vernichtung?

Anders als die h. M. hält Eck[14] jedoch bei Scheitern der Ablösung des fremden Rechtes die actio redhibitoria noch nicht für endgültig ausgeschlossen. Er nimmt an, „non recte redhibetur, nisi redemptum" spräche keineswegs aus, daß der Käufer überhaupt *nur* auf diese Weise, nicht aber, wenn die Ablösung mißlinge, auch durch Wertersatz die Redhibition bewirken könne. Diese Worte sprächen offenbar nur aus, daß der Käufer seiner Verpflichtung zur Naturalredhibition nur nach vorheriger Ablösung des an dem Sklaven bestellten Rechts genüge. Es sei doch sonderbar, wenn z. B. der Käufer, der die Sache vernichtet oder entwertet habe, sich durch Wertersatz den Redhibitionsanspruch sollte bewahren können, dagegen nicht auch derjenige, der an der Sache in durchaus erlaubter, vielleicht schon bei dem Kauf vorgesehener Weise eine Pfand- oder Servitutenbestellung oder eine Eigentumsübertragung vorgenommen hat. Ein Unterschied, ob die Schuld des Käufers, durch die er sich die Rückgabe der Kaufsache unmöglich gemacht habe, in dieser oder jener Form zu Tage getreten sei, bestehe für den Verkäufer nicht. Entweder müsse das Recht des Verkäufers auf Rückempfang der Sache in allen jenen Fällen den Redhibitionsanspruch ausschließen oder es müsse in allen Fällen gegen eine Geldentschädigung zurücktreten. Die Veräußerung müsse daher wie die schuldhafte Tötung oder Entwertung zur Geldentschädigung führen.

In der Tat besteht aus der Sicht des Verkäufers kein Unterschied zwischen der Unmöglichkeit der Käuferleistung aufgrund Tötung und der Unmöglichkeit infolge der Veräußerung. Auch kann die h. M., die

---

[11] Vgl. oben Kap. III.
[12] Vgl. Kempkes, 19.
[13] Vgl. Heumann / Seckel, Handlexikon, recte.
[14] Die Statthaftigkeit der ädilizischen Klagen trotz Verfügung des Käufers über die Sache, Festgabe für Beseler, 159 ff., 161 ff., 169.

auf die Käuferseite abstellt, einen überzeugenden Grund für die ungleiche Behandlung von Tötung und Veräußerung nicht anführen. So ist das Argument Windscheids[15], daß die Veräußerung „freiwillig" erfolge, nicht spezifisch für diese. Es wäre gleicherweise für die Tötung verwendbar. Dem Begriff der Freiwilligkeit entspricht in der Kommentierung der römischen Juristen zur actio redhibitoria der Begriff des dolus[16].

Da „dolus" ohne Bezug auf die Kenntnis der Fehlerhaftigkeit und der möglichen Rückgabepflicht gebraucht ist[17], bezeichnet er auch nur im Unterschied zur culpa das bewußte, freiwillige Tun des Käufers, das zu einer Beeinträchtigung der zurückzugebenden Sache führt.

Nun sprechen die Stellen zur Vernichtung der Sache in der Tat nur von culpa, nicht aber von dolus.

Ulp. l. 31,11 h. t.:
„Si mancipium, quod redhiberi oportet, mortuum erit, hoc quaeretur, numquid culpa emptoris vel familiae eius vel procuratoris homo demortuus sit: namsi culpa eius decessit, pro vivo habendus est, et praestentur ea omnia, quae praestarentur, si viveret."

Ulp. l. 31,12 h. t.:
„Culpam omnem accipiemus, non utique latam[18]: propter quod dicendum est, quamcumque occasionem morti emptor praestitit, debere eum: etiam si non adhibuit medicum, ut sanari possit, vel malum adhibuit sed culpa sua."

Zwar legt Kemmerich[19] entscheidendes Gewicht auf das „quamcumque occasionem morti emptor praestitit". Dies umfasse auch den dolus des Käufers[20].

Aus dem Zusammenhang, besonders aus den Worten „non utique latam" folgt aber, daß die angeführten Worte sich nicht auf dolose Vernichtung beziehen, vielmehr ausdrücken sollen, daß der Käufer, auch wenn ihm nur die kleinste Fahrlässigkeit zur Last fällt, dem Verkäufer beim Tod des Sklaven Ersatz leisten muß[21]. Entscheidend ist jedoch, daß sich Ulpian hier nur um eine Abgrenzung *nach unten* bemüht, indem er die culpa levis mit einbezieht, also nur bei Zufall den Ersatz

---

[15] Pandekten II, 691.
[16] Vgl. Ulp. l. 25,5; 31,9 h. t., dazu s. o. S. 23 ff.
[17] Vgl. Thielmann, Studi Volterra II, 487 ff., 490, Kaser, RP I, 505, Conze, 15. Unrichtig Kaufmann, 24 ff.
[18] Zur culpa lata siehe Pernice, Labeo II, 1, 129.
[19] Die Gewährleistungspflicht des Verkäufers wegen Mängel der Sache nach gemeinem Recht und dem BGB, Diss. Erlangen 1899, 23.
[20] So auch Lepenau, 13, Kempkes, 23, Eck, 166.
[21] Vgl. Kaufmann, 28.

ausschließen will. An eine Abgrenzung gegen den dolus denkt er nicht. Hätte Ulpian die Redhibition im Falle des dolus ausschließen wollen, so hätte er das hier, wo er den Begriff der culpa erläutert, sicher hervorgehoben[22].

Es ist davon auszugehen, daß der Begriff „opera", der in der Kommentierung mit culpa und dolus erläutert wird[23], auch in diesem Sinne bei der Tötung verwandt wird. Ein Unterschied zwischen Tötung und Veräußerung besteht daher insoweit nicht[24].

Auch der *Verzichtsgedanke*[25] ist nicht überzeugend[26]. Auch wenn der Käufer in Kenntnis der Fehlerhaftigkeit weiterveräußert, so will er sich damit nicht seiner Rechte gegenüber dem Verkäufer begeben, besonders dann, wenn ihm seinerseits eine Inanspruchnahme seines Käufers droht[27]. Wenn er in Unkenntnis des Fehlers veräußert, fehlt ihm überhaupt das Wissen, auf ein Recht zu verzichten[28].

Ein weiterer Grund für die unterschiedliche Behandlung von Tötung und Veräußerung wird darin gesehen, daß der Käufer durch die Veräußerung die actio redhibitoria *verwirke*[29].

Soweit die Verwirkung darin liegt, daß sein Verhalten seiner Rückgabepflicht widerspricht, gilt dies jedoch auch für die verschuldete Vernichtung oder Entwertung[30]. Die Ansicht, die den Gedanken der Verwirkung vertritt, stützt sich allerdings auf eine Analogie zu dem Manumissionsfall:

Paulus, 1. 47 pr. h. t.:
„Si hominem emptum manumisisti, et redhibitoriam et quanti minoris denegandam tibi Labeo ait, sicut duplae actio periret . . ."

---

[22] Vgl. Conze, 24.

[23] Vgl. oben, S. 23 ff.

[24] Vgl. Unterholzner, Von dem Verkauf mangelhafter Sachen, AcP VI (1823), 92, Dernburg, Pandekten II, § 101 Anm. 10, Eck, 166, Lepenau, 13, Hanausek, Haftung II, 278 ff., Bellerstein, 14 ff., Conze, 24.

[25] Vgl. ROHG X (1874), 272 ff., XIII (1874), 353 ff., XVI (1875), 321 ff., OAG Darmstadt, Seuff. Arch. VII, Nr. 296, OAG Dresden, Seuff. Arch. II, Nr. 170.

[26] Vgl. dazu ausführlich Roßner, Der Einfluß einer Veräußerung und Zwangsvollstreckung des Schuldgegenstandes auf Rücktritts- und Wandelungsrecht, Diss. Erlangen 1911, 7 ff. m. w. N., Betti, Anm. zu Corte di Cassazione, 10. 12. 1924 in Rivista del diritto commerciale e del diritto generale delle obbligazioni, Bd. 2, 335 ff.

[27] Vgl. Betti, 341.

[28] Vgl. Kori, in Langenn's u. Koris Erörterungen praktischer Rechtsfragen II, S. 80 Anm. 9, Eck, 177.

[29] Vgl. Gesterding, Zeitschrift für Civilrecht und Prozeß VI, 39 ff., Westphal, Lehre des gemeinen Rechts vom Kauf, § 528, ROHG XI (1874), 201 ff. Weitere Nachweise bei Eck, 164 Anm. 5.

[30] Vgl. Eck, 172.

Die Stelle versagt dem Käufer, der den gekauften Sklaven freigelassen hat, die beiden[31] ädilizischen Klagen. Mitentscheidend wird hier zwar wohl auch der Gedanke der Verwirkung sein[32].

Die Besonderheit bei der Manumission liegt aber darin, daß der Sklave durch die Freilassung ein freier Mann geworden ist, über dessen Qualitäten ein vermögensrechtlicher Streit nicht mehr angängig ist[33]. Als freier Mann weist der Sklave für die Zukunft keine Sachmängel mehr auf. Dem Käufer ist daher auch die Berufung auf die einmal vorhandenen Mängel zu versagen. Denn durch die Freilassung sind die Mängel des Sklaven gleichsam *geheilt*. Heilung der Mängel schließt aber bekanntlich die actio redhibitoria aus[34].

Pomponius, fr. 16 h. t.:
„Quod ita sanatum est, ut in pristinum statum restitueretur, perinde habendum est, quasi numquam morbosum esset."

Die Manumission kann daher nicht als Vergleichsfall für die Veräußerung herangezogen werden, da sie ein Sonderfall ist[35].

Gleichwohl ist der h. M. im Ergebnis zuzustimmen. Eine allgemeine Wertersatzregelung anstelle der Naturalredhibition ist für die Redhibitionsleistung in den Quellen nicht vorgesehen. Der Perpetuationsgrundsatz, der im Falle der Tötung die Wertersatzleistung ermöglicht[36], greift grundsätzlich nur bei Untergang des Leistungsgegenstandes ein[37] und läßt sich nicht ohne weiteres auf die subjektive Unmöglichkeit übertragen[38]. Auch wenn im Einzelfall der Perpetuationsgedanke für die Veräußerung angewandt worden ist[39], so erscheint dieser Weg bei der actio redhibitoria nicht sachgemäß. Vorrangig ist hier — im Gegensatz zu anderen Obligationen auf dare[40] — die Naturalredhibition, vgl. Ulp. l. 21 pr. und 29 pr. h. t.

---

[31] Bedenken gegen die Analogiefähigkeit der l. 47 pr. bestehen schon deshalb, weil die hier ausgeschlossene actio quanti minoris durch die Veräußerung zweifellos nicht berührt wird, vgl. Eck, 172.

[32] Vgl. auch Ulp. D. 21,2,25: „Si servum, cuius nomine duplam stipulatus sis, manumiseris, nihil ex stipulatione consequi possis, quia non evincitur, quo minus habere tibi liceat, quem ipse ante voluntate tua perdideris."

[33] Vgl. Eck, 172.

[34] Vgl. Impallomeni, 39, Bechmann 3, 2, 144 ff.

[35] So auch Hanausek I, 147 Anm. 41, Kempkes, 12, Eck, 172, Lepenau, 44.

[36] Vgl. oben S. 41.

[37] Vgl. Medicus, SZ 86, 67 ff., 87 ff. m. w. N.

[38] Dazu näher Medicus, a.a.O.

[39] Vgl. Ulp. D. 39,6,37,1, Paulus D. 39,6,39 für die condictio certae rei.

[40] Die nach dem Prinzip der condemnatio pecuniaria letzlich immer auf Geldleistung gerichtet sind, vgl. Kaser, RZ, 286 ff. m. w. N.

Wenn der Grundsatz der Rückgabe in Natur bei der schuldhaften Tötung durchbrochen ist, bestehen nun gute Gründe, hier die actio redhibitoria gegen Wertersatz zuzulassen: Ulpian erörtert in l. 31,12 einen Fall des Verschuldens, der zeigt, wie eng das verschuldete Ereignis mit dem zur Redhibition berechtigenden Mangel zusammenhängt.

Ulp. l. 31,12 h. t.:

„Culpam omnem accipiemus, non utique latam: propter quod dicendum est, quamcumque occasionem morti emptor praestitit, debere eum: *etiam si non adhibuit medicum, ut sanari possit, vel malum adhibuit, sed culpa sua.*"

Hier besteht das Verschulden des Käufers darin, daß er es unterlassen hat, einen Arzt zur Heilung des kranken Sklaven heranzuziehen oder darin, daß er nur einen schlechten Arzt beauftragt hat. Der Tod stellt sich als Folge des Mangels dar, mag er auch durch das Verschulden des Käufers mitverursacht sein. Es ist unangemessen, die Schuld des Käufers durch Ausschluß der Wandlung diesem ganz aufzubürden. Die Zulassung der Wandlung gegen Wertersatz berücksichtigt, daß auch der Verkäufer durch den Verkauf des mangelhaften Sklaven am Tod ursächlich wurde.

Auch wenn nun ein solch enger Zusammenhang zwischen dem Mangel und der verschuldeten Tötung nicht vorliegt, so ist doch bei diesen Fällen immer zu berücksichtigen, daß die Krankheit — und ursprünglich waren nur körperliche Mängel relevant[41] — mitursächlich werden konnte. Ein gesunder mangelfreier Sklave hätte möglicherweise die unangemessene Behandlung des Käufers überlebt.

Ob l. 31,11 mit der Fiktion „pro vivo habendus est" auch auf die Fälle angewandt wurde, in denen der Sklave einen geistigen oder rechtlichen Mangel aufwies[42], kann nicht sicher beantwortet werden. Es ist denkbar, daß sich die einmal anerkannte Lösung: „pro vivo habendus est" insoweit gegenüber dem Ausgangsfall verselbständigte und auch angewandt wurde, wenn Mangel und Tötung in keinem Zusammenhang mehr standen.

Bei der Veräußerung jedoch fehlt ein solcher Grundfall, der eine Verknüpfung zwischen dem zur Wandlung berechtigenden Mangel und der Unmöglichkeit der Rückgabe zuläßt. Die rechtliche Verfügung ist eine Entscheidung des Käufers, die ganz seiner eigenen Sphäre zuzurechnen ist und mit dem Mangel in keinem Verhältnis steht[43].

---

[41] Ulp. l. 1,9 - 11, fr. 4 h. t., vgl. Impallomeni, 7 ff.
[42] Fugitivus, erro oder noxa non solutus.
[43] Vgl. Betti, Urteilsanmerkung, 345.

Wenn das römische Recht auch hier die Wertersatzleistung hätte zulassen wollen, so wäre dies von Paulus in l. 43,8 sicher erwähnt worden. Angesichts der klaren Aussage in dieser Quelle, daß nur nach Rückerwerb „recte" gewandelt werden kann und wegen der fehlenden Vergleichbarkeit zu dem Tötungsfall in l. 31,11 kann der Meinung Ecks nicht zugestimmt werden. Alleine die Tatsache, daß in beiden Fällen eine Unmöglichkeit vorliegt, reicht nicht aus, auch für die Veräußerung die Wertersatzleistung zuzulassen.

Im Ergebnis ist daher festzuhalten, daß dem Käufer die actio redhibitoria zu versagen ist, wenn er die weiterveräußerte oder belastete Sache nicht zurückerworben hat.

§ 4 L. 21,1 h. t. und l. 43,8 h. t.

Der hier vertretenen Meinung, daß der Käufer, der die Sache nicht abgelöst hat, gem. Paulus l. 43,8 mit der Wandlung endgültig ausgeschlossen ist, könnte hinsichtlich des pignus-Beispieles l. 21,1 h. t. entgegengehalten werden. Ulpian l. 21,1 h. t.:

> „Cum redditur ab emptore mancipium venditori, de dolo malo promitti oportere ei Pomponius ait et ideo cautiones necessarias esse, ne forte aut pignori datus sit servus ab emptore . . ."[44]

Danach ist der Käufer nur verpflichtet dem Verkäufer eine Kaution zu leisten, die diesen vor einer möglichen Inanspruchnahme durch Pfandgläubiger sicherstellt. Wenn nun der Käufer die Sache zurückgibt und gleichzeitig bekannt gibt, daß auf ihr ein Pfandrecht lastet, so wird er nach l. 43,8 mit der actio redhibitoria abgewiesen, obwohl auch hier die Inanspruchnahme des Verkäufers ungewiß sein kann und dem Verkäufer ein meßbarer Schaden noch nicht entstanden ist.

Conze[45] überträgt sogar die Kautionslösung der l. 21,1 auf l. 43,8. Statt der allgemeinen cautio de dolo könne der iudex hier dem Käufer eine cautio defensum iri auferlegen, da die Verpfändung bereits feststeht.

Im Ergebnis ist diese Meinung abzulehnen. Ulp. l. 21,1 h.t. kann zur Auslegung der Paulusstelle l. 43,8 h. t. nicht herangezogen werden. In l. 43,8 steht das Pfandrecht bereits fest. Wenn es dem Käufer schon nicht gelungen ist, den Pfandgläubiger zur Aufgabe seines Rechtes zu veranlassen, erscheint auch die Inanspruchnahme aus dem Pfand wahrscheinlich. Die Kaution ist hier ein zu schwaches Mittel.

---

[44] Die Echtheit dieser Stelle ist zweifelhaft, vgl. Ind. Itp. II, 3.
[45] S. 35 ff.

In l. 21,1 dagegen kann der iudex die actio redhibitoria, soweit die Redhibition im übrigen ordnungsgemäß war, gar nicht versagen, wenn nicht gewiß ist, ob der Käufer überhaupt ein fremdes Recht an der Kaufsache bestellt hat. Die Abweisung der actio redhibitoria wäre unzulässig. Die präventive Kaution dient lediglich dem allgemeinen Schutze des Verkäufers.

L. 43,8 und l. 21,1 h. t. stehen nicht im Widerspruch.

Fünftes Kapitel

Die Unmöglichkeit der Rückgabe wegen noxae deditio

Die Rückgabe ist auch dann nicht möglich, wenn der Käufer den mangelhaften Sklaven, der einen Dritten deliktisch geschädigt hat, diesem noxae dediert hat.

Der Einfluß der Noxalhaftung des Käufers für den Sklaven auf die actio redhibitoria wird von Ulpian in l. 23,8 h. t. behandelt:

> „Quare sive emptori servus furtum fecerit sivi alii cuilibet, ob quod furtum emptor aliquid praestiterit, non aliter hominem venditori restituere iubetur, quam si indemnem eum praestiterit. quid ergo, inquit Iulianus, si noluerit venditor hominem recipere? non esse cogendum ait quicquam praestare, nec amplius quam pretio condemnabitur: et hoc detrimentum sua culpa emptorem passurum, qui cum posset hominem noxae dedere, maluerit litis aestimationem sufferre: et videtur mihi Iuliani sententia humanior esse."

Zunächst wird der Fall angesprochen, daß der Käufer dem Dritten statt der noxae deditio Schadensersatz in Geld geleistet hat.

Ulpian gibt dem Käufer, der an sich vorleisten muß, ein Zurückbehaltungsrecht an dem Sklaven, bis der Verkäufer den Schaden, den der Sklave — ohne daß den Käufer oder seine Leute daran ein Vorwurf trifft[1] — gegenüber dem Käufer selbst oder einem Dritten verursacht hat, ersetzt hat[2]. Die Pflicht des Verkäufers, diesen Schaden zu ersetzen, entspricht seinem Recht an den Früchten und Akzessionen des Sklaven[3].

Freilich sieht das Edikt und der in l. 25,9 h. t. überlieferte Formelbestandteil eine Verurteilung des Verkäufers zum Schadensersatz nicht vor. Daher ist bei einer strengen Auslegung das Zurückbehaltungsrecht des Käufers der einzige Weg, den Schaden ersetzt zu erhalten[4]. Ersetzt der Verkäufer den Schaden nicht, so kann der Käufer den Sklaven behalten und der Verkäufer wird nur in den Kaufpreis verurteilt.

---

[1] Vgl. Pomponius fr. 46 h. t., dazu Bechmann, III, 2, 127.

[2] Vgl. auch Ulp. l. 29,3,31 pr. h. t., Gai. D. 30,70,2.

[3] Vgl. Ulp. l. 1,1; 21,3; 23,9; fr. 24; fr. 25; l. 31,2 - 5, l. 43,5 h. t. Africanus D. 47, 2,62 (61), 2: „... uti, quemadmodum accessiones et fructus emptor restituere cogitur, ita et e contrario venditor quoque vel damnum decidere..."

[4] Vgl. Impallomeni, 161.

Dasselbe scheint Julian auszusagen: Der Verkäufer kann den Ersatz verweigern, wenn er den Sklaven nicht zurücknehmen will. Allerdings setzt Julian voraus, daß der Käufer zuerst den Sklaven anbieten muß, und daß der Verkäufer dann, wenn er ihn annimmt, auch im iudicium redhibitorium zur Schadensersatzleistung verurteilt werden kann[5].

Im Normalfall weisen die Meinungen Ulpians und Julians freilich keinen Unterschied auf[6]: Nach beiden Meinungen muß der Verkäufer nur dann Schadensersatz leisten, wenn er den Sklaven wiederhaben will[7]. Dem Verkäufer ist also ein Wahlrecht eingeräumt, ob er Schadensersatz in Geld leisten will oder den Sklaven dem Käufer gleichsam noxae halber überlassen will[8]. Dieses Wahlrecht des Verkäufers hat aber zur Folge, daß der Käufer das Risiko eingeht, das an den Dritten gezahlte Geld nicht beim Verkäufer liquidieren zu können.

Andererseits: Wenn der Käufer den Sklaven dem Dritten noxae dediert, geht er auch das Risiko ein, daß der Verkäufer gerade dann Schadensersatz in Geld leisten will.

Hier schränkt Ulpian nun das Wahlrecht des Verkäufers ein: Der Käufer leistet zwar auf eigenes Risiko Schadensersatz in Geld, die noxae deditio kann er jedoch ohne Nachteil vornehmen.

„... et hoc detrimentum sua culpa emptorem passurum, qui cum posset hominem noxae dedere, maluerit litis aestimationem sufferre ..."

Die noxae deditio stellt letztlich für beide Parteien das geringere Übel dar. Der Verkäufer wird nicht zu einer höheren Leistung als zur Kaufpreisrückzahlung verurteilt und der Käufer entgeht dem Risiko, die Schadensersatzleistung, die den Wert des Sklaven möglicherweise übersteigt, nicht liquidieren zu können.

---

[5] Vgl. Impallomeni, 163 f.

[6] Impallomeni, 168, weist jedoch zutreffend darauf hin, daß der Verkäufer nach Julian auch dann noch zu Schadensersatz verurteilt werden kann, wenn der Sklave nicht zurückgegeben werden kann, aber die Fiktion „mortuus redhibetur" eingreift. Nach Ulpian, der nur ein Zurückbehaltungsrecht gewährt, erhält der Käufer in diesem Falle nichts.

[7] In l. 23,8 haben die Kompilatoren eine Streichung vorgenommen, vgl. die im Ind. Itp. II Genannten. Ursprünglich war wohl noch die Meinung des Sabinus angeführt, der nur die Schadensersatzleistung des Verkäufers vorsah. Ulp. D. 47,2,17,2: „... Idcirco dicit Sabinus eum, si furtum fecit, in ea causa, ut furti eius nomine is, qui redhibuit agere non possit. sed etsi non possit, attamen ratio haberi debet eius quod fecit, cum redhiberi coeperit, idque actione redhibitoria continetur." (Zu dieser Stelle s. Frezza, RISG 8, 439 ff., Heldrich, Besprechung von Biondi, Le actiones noxales nel diritto romano classico, SZ 46, 424 ff., 427.) Im Vergleich zu der Ansicht des Sabinus erscheint die Lösung des Julian in der Tat „humanior". Vgl. dazu Impallomeni, 162.

[8] Vgl. Africanus D. 47,2,62 (61) 2: „... vel damnum decidere, vel pro noxae deditione hominem relinquere cogatur."

Die Lösung des Ulpian führt dazu, daß bei noxae deditio durch den Käufer die actio redhibitoria auch ohne Rückgabe des Sklaven Erfolg hat.

Darin sehen Monier[9] und Nardi[10] aber einen kompilatorischen Eingriff, denn die actio redhibitoria setze immer voraus, daß der Käufer den Sklaven tatsächlich zurückgeben kann.

Dieser Ansicht muß entgegengehalten werden, daß ja auch dann, wenn der Verkäufer die Schadensersatzleistung in Geld ablehnt, die Verurteilung aus der actio redhibitoria ohne Rückgabe des Sklaven möglich ist. Darüber hinaus ist zu bedenken, daß die grundsätzliche Anerkennung des Käuferrechtes, für die Noxalhaftung wegen des Sklaven beim Verkäufer Rückgriff zu nehmen, auch zur Berücksichtigung der noxae deditio führen muß[11].

Auch wenn Ulp. l. 23,8 h. t. Interpolationsindizien aufweist[12], so erscheint der sachliche Inhalt der Stelle unverfälscht[13].

Im Ergebnis ist festzuhalten, daß der Käufer, wenn er den Sklaven noxae dediert hat, gleichwohl mit der actio redhibitoria klagen kann, ohne denselben zurückerwerben zu müssen.

---

[9] La garantie contre les vices cachés dans la vente romaine, 80 f.

[10] Studi sulla ritenzione in diritto romano I, 400.

[11] Vgl. auch Ulp. für die actio empti D. 19,1,11,12: „... et sive defendat noxali iudicio, sive non, quia manifestum fuit noxium servum fuisse, nihilo minus vel ex stipulatu vel ex empto agere posse."

[12] Vgl. Heldrich, SZ 46, 424 ff., 427, Levy, Die Konkurrenz der Aktionen und Personen, 353 Anm. 3, Impallomeni, 164.

[13] Vgl. Impallomeni, 166 Anm. 80, Ehrhardt, Litis aestimatio im römischen Formularprozeß, 57 ff.

Sechstes Kapitel

Fugitivus in fuga

§ 1 Nicht verschuldete Flucht des Sklaven als Unvermögen des Käufers

Die Flucht des mangelhaften Sklaven hindert vorübergehend oder dauernd die Redhibition. Die Ungewißheit bei diesem Leistungshindernis muß mit der prozessualen Aufgabe des Richters, bei Erlaß des Restitutionsbefehls die Rückgabeleistung abschließend zu ordnen[1], in Einklang gebracht werden. Ein Aufschub der Entscheidung, etwa die Vertagung auf unbestimmte Zeit, ist nicht möglich. Zwar kann der iudex in seinem Restitutionsbefehl an den Käufer kraft seines arbitrium die Rückgabe des Sklaven an eine bestimmte Frist binden[2]. Jedoch würde bei der Ungewißheit, ob der Sklave wieder eingefangen werden kann, das Problem „Zulassung oder Ausschluß der Wandlung bei Flucht des Sklaven" in den wohl häufigeren Fällen, daß die Frist erfolglos verstreicht, weiterhin bestehen. Wenn die Aussicht, daß der Sklave alsbald gefangen wird, gering ist, wird der iudex ohne Fristbestimmung sogleich entscheiden. Anders als beim Tod des Sklaven kann sich der Käufer auch nicht auf die befreiende Wirkung der Unmöglichkeit der Leistung berufen[3]. Denn der Sklave hat durch die Flucht nicht aufgehört „in natura" zu sein[4]. Ebenso wie wenn der Sklave in Feindeshand geraten ist[5], „potius difficultatem in praestando eo inesse quam in natura", kann die Verpflichtung zur Leistung des servus in fuga fortbestehen[6].

---

[1] Vgl. Levy, SZ 36, 58, Maier, Prätorische Bereicherungsklagen, 143. Anders für den nachklassischen Prozeß, der wegen des Fortfalls der Konsumtionswirkung der Rechtshängigkeit auch dilatorische Entscheidungen vorsah, vgl. Kaser, RZ, 498 Anm. 26.

[2] Ulp. D. 42,2,6,2, Paul. D. 6,1,27,4, vgl. Kaser, RZ, 259. Schipani, Responsabilità del convenuto per la cosa oggetto di azione reale.

[3] Dazu vgl. Kapitel V.

[4] Zu diesem Kriterium für das Freiwerden vgl. Gai. III, 97 - 109. Weitere Quellen bei Rabel, Origine de la règle „impossibilium nulla obligatio", Mélanges Gérardin, 473 ff., Schipani, 55.

[5] Pomp. D. 19,1,55, dazu siehe Rabel, 485 ff., Medicus, SZ 86, 67 ff., 88 und die im Ind. Itp. I Genannten.

[6] Zur Gleichstellung dieser Fälle Ulp. D. 30,47,2.

Allerdings wird im Einzelfall dem tatsächlichen Hindernis der Leistung Rechnung getragen[7] und die Anwendung des Perpetuationsgrundsatzes zeigt, daß jedenfalls bei Verschulden eine Angleichung an die Untergangsfälle erfolgt ist[8].

Die Flucht des mangelhaften, zurückzugebenden Sklaven behandelt Ulpian in D. 21,1,21,3:

> „Idem (Pomponius) ait futuri temporis nomine cautionem ei, qui sciens vendidit, fieri solere, si in fuga est homo sine culpa emptoris et nihilo minus condemnatur venditor: tum enim cavere oportere, ut emptor hominem persequatur et in sua potestate redactum venditori reddat.“

Danach wird der Verkäufer unter der Voraussetzung, daß er beim Verkauf „sciens“ war, zur Kaufpreisrückzahlung verurteilt, auch wenn der mangelhafte Sklave wegen nicht verschuldeter Flucht nicht zurückgegeben werden kann. Der Käufer hat allerdings eine Kaution über die Verfolgung[9] und Rückgabe des Sklaven zu leisten.

§ 2 C. 4,58,5 (Gratian[10], Valentinian, Theodosius, 386)

Die l. 21,3 h. t. kann nicht ohne C. 4,58,5 verstanden werden.

> „Habito semel bonae fidei contractu mancipioque suscepto et pretio soluto ita demum repetendi pretii potestas est ei qui mancipium comparaverit largienda, si illud quod dixerit fugitivum, poterit exhibere. hoc enim non solum in barbaris, sed etiam in provincialibus servis iure praescripto est.“

Nach dieser Konstitution ist die Rückgabe des Sklaven immer Voraussetzung des Rückzahlungsanspruches. Selbst das Vorbringen, es werde gerade wegen Fugitivität gewandelt, entbindet den Käufer nicht von der Rückgabepflicht. L. 21,3 und C. 4,58,5 enthalten ganz unterschiedliche Regelungen:

Der fugitivus muß bei C. 4,58,5 in jedem Falle zurückgegeben werden, sonst kann der Käufer nicht wandeln.

---

[7] Vgl. Medicus, SZ 86, 87 ff., Schipani, 55 Anm. 2. Zu „sustinenda eius praestatio“ aber Rabel, 385 f., Medicus, a.a.O., und die im Ind. Itp. I Genannten.

[8] Vgl. oben, S. 41.

[9] Zur Verfolgungspflicht siehe Impallomeni, 148 Anm. 43, Bund, Besprechung von Bellen, Studien zur Sklavenflucht im römischen Kaiserreich, SZ 90, 393 ff., 395, Kaser, Besprechung von Maier, Prätorische Bereicherungsklagen, KritVJSchr. 27 (1935), 74 ff., 85 Anm. 23.

[10] Die Parallelüberlieferung C. T. 3,4,1 hat die richtigere Inskription „Impp. Valent. Theod. et Arcad. AAA ...“ Gratian war 383 verstorben und seine Stelle hat Arcadius eingenommen (Seeck, Gratianus 2, Realencyclopädie, 14. Halbbd., 1831 ff., 1839).

In Ulp. l. 21,3 dagegen ist — unter gewissen Voraussetzungen — die Verurteilung des Verkäufers nach der actio redhibitoria auch ohne Rückgabe des Sklaven möglich.

Eine Harmonisierung der beiden Quellen wurde gleichwohl — auf zwei verschiedenen Wegen — versucht:

1. „Exhibere" in C. 4,58,5 bedeutet nach der Glosse nur, daß der Käufer *beweisen* müsse, daß der Sklave beim Verkauf fugitivus gewesen sei[11].

„Exhibere" braucht nun zwar nicht identisch zu sein mit redhibere[12]. Es bedeutet aber dem Inhalt nach „tatsächliche Verschaffung"[13].

Die Basiliken[14] geben diesen Begriff zutreffend mit „παραστῆσαι" wieder, was soviel wie praestare bedeutet.

Cuiacius[15] weist zu Recht darauf hin, daß „exhibere" auch sonst nie im Sinne von „beweisen" gebraucht wird: „quod approbarem si in alio loco verbum id ita sumi mihi constaret. malo exhibere accipere proprie pro praestare et restituere, ut et Graeci accipiunt".

Cuiacius nimmt die folgende zweite Lösung wieder auf:

2. „Habito semel bonae fidei contractu" in C. 4,58,5 bedeute, daß der Verkäufer redlich gewesen sei. In l. 21.3 sei dagegen die Rechtslage bei Arglist des Verkäufers[16] wiedergegeben.

Bereits der späte Scholienverfasser[17] zu Bas. 19,10.64 (= C. 4,58,5) hatte so die Konstitution als Ergänzung zu l. 21,3 h. t. verstanden:

„Γενομένου ἅπαξ: Εἰ δὲ οὐ καλῇ πίστει ἡ πρᾶσις ἦν, ἀλλ᾽ ἐν εἰδήσει τοῦ φυγάδα τὸν οἰκέτην εἶναι ὁ πράτης πέπρακεν: ἐλάμβανεν ἂν τὸ τίμημα ἀπεντεῦθεν ὁ ἀγοραστής, παρέσχε δὲ μόνον καυτίονα, ὡς ἐὰν εὑρήσει τὸν οἰκέτην, ἀποκαθίστησιν αὐτόν."

---

[11] Azo, Summa super Codicem zu C. 4,58,5 = Corpus Glossatorium Juris Civilis II, 1966, 167, Lectura super Codicem zu C. 4,58,5 = Corpus Gloss. III, 1966, 357, Accursius, Glossa in Codicem zu C. 4,58,5 = Corpus Gloss. X, 1968, 244, Glossa in Digestum vetus zu D. 21,1,21,3 = Corpus Gloss. VII, 1969, 612.

[12] Vgl. Eck, 166 Anm. 1.

[13] Heumann / Seckel, Handlexikon, exhibere, Manthe, Zur Wandlung des servus fugitivus, TR 44, 133 ff., 141, Glück, Pand. XX, 99 f.

[14] Bas. 19,10,64 (Ed. Heimbach, II, 315).

[15] Opera postumora V, sive recitationes solemnes ad Codicem Justinianum, 415.

[16] Cuiacius, a.a.O.; ihm folgend Gothofredus, Glück, Pandekten XX, 99 f., Schilling, Sintenis, Corpus Juris Civilis V, 664, Monier, 77 Anm. 3, Maier, Prätorische Bereicherungsklagen, 142 Anm. 5, Buckland, The Roman law of slavery, 66.

[17] Schol. k. Fabr. II, 406, abgedruckt bei Heimbach, Basiliken II, 315, dazu siehe Wenger, Quellen des römischen Rechts, 677.

Die Konstitution „Habito semel" betreffe den Kauf in gutem Glauben. Wenn der Verkäufer aber die Fugitivität gekannt habe, müsse er gegen Kaution des Käufers den Preis zurückzahlen.

Nach dieser Auslegung regelt C. 4,58,5 die Rechtslage bei Unkenntnis des Verkäufers von der Fugitivität und l. 21,3 h. t. die bei Kenntnis des Verkäufers.

§ 3 „Habito semel bonae fidei contractu" in C. 4,58,5

Der „bonae fidei" Vertrag ist nach klassischem römischen Rechte ein Vertrag, dessen Klage vom altzivilen Formalismus befreit ist und bei welchem die beiden Seiten obliegenden Pflichten nach Treu und Glauben beurteilt werden[18]. Redlichkeit einer der Vertragsparteien wird so jedoch im klassischen Recht nicht bezeichnet.

Für die Konstitution ist jedoch der nachklassische Sprachgebrauch heranzuziehen. Danach ist die Vorstellung von einem besonderen Vertrag, bei dem Bestehen und Ausmaß der Leistungspflicht von Treu und Glauben bestimmt sind, verlorengegangen[19]. Jetzt liegt der Ton nicht mehr auf der Ausführung, sondern auf der Eingehung des Geschäfts[20]. Man fordert, daß die Parteien beim Vertragsschluß gutwillig und aufrichtig gehandelt haben[21].

Auch „habito semel bonae fidei contractu" bezieht sich auf die Eingehung des Vertrages. Der Vertrag ist ohne Arglist und Zwang zustandegekommen[22], d. h. Verkäufer und Käufer waren redlich[23].

Wenn nun zwar auch vorauszusetzen ist, daß der Verkäufer redlich gewesen ist, so liegt das entscheidende Gewicht der Konstitution jedoch nicht auf der Redlichkeit des Verkäufers, wie die h. M. annimmt. Hätten die Verfasser der Konstitution diese besonders hervorheben wollen, so hätte unschwer ein Bezug des „habito semel bonae fidei contractu" zum Verkäufer hergestellt werden können und müssen. Vielmehr besteht dieser besondere Bezug zum Käufer[24]. Der Kaufvertrag wird nur aus der Sicht des Käufers dargestellt, „mancipioque suscepto et pretio

---

[18] Vgl. Kaser, RP I, 486 ff.

[19] Vgl. Kaser, RP II, 333.

[20] Vgl. Levy, Weströmisches Vulgarrecht, das Obligationenrecht, 30 ff.

[21] Vgl. Levy, m. w. N.

[22] Vgl. Feenstra, Besprechung von Levy, Weströmisches Vulgarrecht, das Obligationenrecht, SZ 74, 500 ff., 507.

[23] Bei Arglist des Verkäufers wäre im nachklassischen Recht Unwirksamkeit des Vertrages anzunehmen. Des prätorischen Behelfes der „in integrum restitutio" hätte es nicht bedurft. Vgl. Levy, Zur nachklassischen in integrum restitutio, SZ 68, 360 ff., 408, Kaser, RP II, 92.

[24] So auch Kaser, RP II, 333, Levy, Vulgarrecht, 224.

5*

soluto". Ihm „schenkt" die Konstitution die Möglichkeit, seinen Kaufpreis wieder zu erlangen, „potestas est ei, qui mancipium comparaverit, largienda", wenn er redlich war[25], unter der Voraussetzung, daß er den Sklaven zurückgeben kann. Ganz widersinnig wäre es in diesem Zusammenhang, das „Geschenk" der Rücktrittsmöglichkeit von der Redlichkeit des Verkäufers abhängig zu machen. Die Redlichkeit des Verkäufers würde zwar in den Zusammenhang der erschwerten Rücktrittsmöglichkeit — Redhibition nur gegen tatsächliche Rückgabe des Sklaven — passen. Der Aufbau der Stelle läßt diese Interpretation jedoch nicht zu. Eine Harmonisierung der beiden Quellen, l. 21,3 und C. 4,58,5, anhand des „habito semel bonae fidei contractu" ist daher nicht möglich. Beide Quellen geben eine unterschiedliche Rechtslage wieder.

Das nachklassische Recht behandelt den Fall der Kenntnis des Verkäufers auch anders als die überlieferte Lösung in l. 21,3 h. t. Bei Arglist haftet der Verkäufer auf Kaufpreis und Schadensersatz, auch wenn der „fugitivus abest". Von einer Kautionspflicht des Käufers ist diese Haftung nicht abhängig[26]; vgl. C. 4,58,1 (Antonius, 214):

> „Si non simpliciter, sed consilio fraudis servum tibi nescienti fugitivum vel alio modo vitiosum quis vendidit isque fugitivus abest, non solum in pretium servi venditorem conveniri, sed etiam damnum quod per eum tibi accidit competens iudex, ut iampridem placuit, praestari iubebit[27]."

§ 4 „Sciens" in l. 21,3 h. t.

Wenn C. 4,58,5 aber nicht im Hinblick auf die Lösung des Pomponius ergangen ist, stehen einer textkritischen Untersuchung der l. 21,3 insofern keine Hindernisse entgegen, als C. 4,58,5 nicht zur Verbürgung der inhaltlichen Richtigkeit der l. 21,3 herangezogen werden kann.

In dem Satz:

> „idem ait futuri temporis nomine cautionem ei, qui sciens vendidit, fieri solere, si in fuga est homo sine culpa emptoris et nihilo minus condemnatur venditor"

fällt zunächst störend auf, daß „ei, qui sciens vendidit" verkürzt ist und ohne Objekt keinen Sinn ergibt.

Darauf hat Beseler[28] hingewiesen, allerdings ohne die sachliche Richtigkeit anzuzweifeln.

---

[25] Vgl. auch PS 2,17,11: „Servus bona fide comparatus ..."
[26] Vgl. Manthe, 137.
[27] Vgl. dazu Impallomeni, 31, 168 ff.
[28] Einzelne Stellen, SZ 47, 355 ff., 369.

Impallomeni[29] äußerte Bedenken an der Echtheit der scientia, weil sie
für die actio redhibitoria *systemfremd* sei, da sie vom Wissen oder
Nichtwissen des Verkäufers unabhängig sei[30]. Für das Rückabwicklungsverhältnis wäre ein solcher Verschuldensgrundsatz zwar durchaus
denkbar[31]. In dem konkreten Zusammenhang der l. 21,3 ist die „scientia" allerdings in der Tat unpassend.

Ulpian erörtert in fr. 21 die verschiedenen Kautionen, die der iudex
kraft seines arbitrium den Parteien auferlegen kann. Der Verkäufer
muß vor Schaden durch fremde Rechte an der Sache oder laufende
Prozesse bewahrt werden. Auch der mögliche Gewinn aus solchen Pro-
zessen soll dem Verkäufer mittels Kaution sichergestellt werden. Weiter führt Ulpian als typischen Kautionsfall[32] die fuga des Sklaven an.
Diese cautio zielt in erster Linie darauf ab, einen ungerechtfertigten
Vorteil des Käufers auszugleichen, der entsteht, wenn der Käufer den
Kaufpreis zurückerhält und später den Sklaven wiedererlangt[33].

Dieses einseitige Abstellen auf die Wahrung der Verkäuferinteressen
in fr. 21 läßt sich nicht erklären, wenn er arglistig war und damit rech-
nen mußte, den fugitivus und den Kaufpreis zu verlieren.

Neuestens hat auch Manthe[34] die „scientia" als unecht angesehen. Er
stützt sich vor allem auf zwei Argumente. Mit der actio empti könne
der Käufer eines fugitivus vom arglistigen Verkäufer gem. D. 19,1,13 pr.
Ersatz seines Interesses verlangen. Das Interesse des Käufers umfasse
jedenfalls den Kaufpreis, den der Käufer ohne Rückgabe des Sklaven
verlangen könne. Bei der actio redhibitoria hingegen müsse er zusätz-
lich noch die Kaution leisten, um den Kaufpreis wieder zu erhalten.
Diese *Inkongruenz* spreche für die Annahme, daß scientia ein nachklassisches Glossem sei.

Es ist zwar zutreffend, daß der Käufer mit der actio empti vom arglistigen Verkäufer das Interesse, also u. U. mehr bekommt, als der
Käufer in l. 21,3. Aber auf das Problem der Rückgabe der Kaufsache
geht Ulpian in D. 19,1,13 pr. gar nicht ein. Es geht hier nur um den
Umfang des Interesses. Aus der unterschiedlichen Thematik von l. 21,3
und D. 19,1,13 pr. läßt sich daher auch keine Inkongruenz feststellen[35].

---

[29] 148, Anm. 43.

[30] Vgl. Ulp. l. 1,2 h. t.

[31] Vgl. Manthe, 138.

[32] Vgl. Medicus, SZ 86, 67 ff., 87 ff., Cannata, Appunti sulla Impossibilità
sopravvenuta e culpa debitoris nelle obbligazioni da „stipulatio in dando",
SDHI 32, 63 ff.

[33] Vgl. Bund, SZ 90, 393 ff., 395.

[34] S. 138.

[35] Vgl. Medicus, Id quod interest, 130, 147, Flume, Zum römischen Kaufrecht, SZ 54, 328 ff., 329.

Zustimmung verdient aber das zweite Argument Manthes, mit dem
er den Anlaß und die Art und Weise der Interpolation anschaulich
macht:

Manthe stützt sich auf die Beobachtung, daß die Auslegung, die
C. 4,58,5 durch die byzantinischen Bearbeiter[36] gefunden hat, letztlich
wegen der Ulpianstelle zu der fehlerhaften Interpretation des „habito
semel bonae fidei contractu" geführt hat.

Die vorrangige Konstitution mußte mit einer widersprechenden Ulpianstelle in Einklang gebracht werden. Da aber der „bonae fidei
contractus" in C. 4,58,5 zumindest die Redlichkeit des Verkäufers mit-
umfaßte, war ein Weg eröffnet, die abweichende käufergünstige Lösung
des klassischen Juristen durch Einfügung des „ei, qui sciens vendidit"
zu korrigieren.

Der Meinung Manthes ist aber auch aus systematischen Gründen
zuzustimmen. Nach klassischem Recht kann die Einschränkung der
l. 21,3 auf die scientia nicht richtig sein. Wenn der fugitivus flieht, so
liegt darin die Verwirklichung des Mangels. Die Verwirklichung des
zur Wandlung berechtigenden Mangels ist sonst immer das Risiko des
Verkäufers:

Wenn der Sklave an der Krankheit stirbt, trägt der Verkäufer diesen
Verlust uneingeschränkt — „mortuus redhibetur". Wenn der Sklave
beim Verkauf noxae non solutus ist und in der Zwischenzeit dem Käufer gegenüber die Noxalhaftung geltend gemacht worden ist, kann der
Käufer den Kaufpreis verlangen, auch wenn er den Sklaven dem Ge-
schädigten ausgehändigt hat[37]. Hier trägt der Verkäufer immer die
Gefahr der Unmöglichkeit der Herausgabe. Wenn aber der fugitivus
flieht, sollte dann der Verkäufer nur bei Arglist das Risiko der Flucht
tragen? Die Möglichkeit der Wandlung des fugitivus wäre letztlich in
den häufigsten Fällen illusorisch.

Daß es sich bei l. 21,3 um die Rückgabe eines fugitivus gehandelt
hat, ist zwar nicht ausdrücklich genannt, kann aber unterstellt werden[38]. Die Frage der fuga stellt sich vordringlich beim fugitivus und
gilt zudem als erforderlich für den Nachweis dieses Mangels[39]. Fuga und
fugitivus wird sogar teilweise im gleichen Sinne verwendet[40].

---

[36] Vgl. oben, S. 66.

[37] Vgl. Ulp. l. 23,8, s. o. S. 61 ff.

[38] H. M.: Manthe, 134, Bechmann III, 2, 129, Impallomeni, 148 Anm. 43, Bellen, 36.

[39] Ulp. fr. 17 h. t., Paulus l. 58 pr. h. t., C. 4,52,2, PS 2,17,11, dazu siehe Impallomeni, 11.

[40] Paulus l. 44,2 h. t.: „... et propter morbum forte vel fugam", Pomponius
l. 48,4 h. t.: „... si emptor sciret de fuga ..."

Nun könnte freilich eingewandt werden, daß die Haftung für Fugitivität erst später in das Edikt aufgenommen worden sei[41] und daher anders abgewickelt worden sein könnte als die Fälle des mortuus oder noxae datus. Gerade bei der Haftung für Fugitivität ist aber auch die fuga-Haftung miteingeschlossen.

Wie eng der Mangel der Fugitivität und die Frage des Risikos der Flucht zusammenhängen, zeigt auch ein Vergleich zum griechischen Recht.

Soweit die Papyri eine Haftung für Fugitivität erwähnen, ist diese bei der Eviktions-βεβαίωσις, nicht bei der Haftung für Sachmängel genannt[42]. Dieser Zusammenhang erhellt auch aus der — allerdings nachklassischen[43] — Begründung in Ulp. D. 19,1,13,1:

> „quod fugitivum quidem habere non licet et quasi evictionis nomine tenetur venditor ...“

Wir nehmen daher an, daß die römischen Juristen im Falle der Flucht des fugitivus die actio redhibitoria *uneingeschränkt* zuließen nach dem für den Tod und die noxae deditio nachgewiesenem Prinzip, daß der Verkäufer die Verwirklichung des Mangels trage.

§ 5 Nachklassisches Recht

Für das nachklassische Recht zeigt C. 4,58,5[44], daß die Wandlung des fugitivus erheblich eingeschränkt wurde. Nur die tatsächliche Rückgabe des Sklaven ermöglichte es dem Käufer den Kaufpreis wieder zu erlangen. Eine parallele Entwicklung ist in der Vertragspraxis festzustellen. Hier wird bereits die Wandlung wegen Fugitivität ausgeschlossen. Der Ausschluß der Wandlung des Fugitivus wurde so zur Regel, daß ein Kaufvertrag, der noch die Haftung für den fugitivus vorsah, besonders benannt wird:

---

[41] Vgl. Bellen, 33 ff.

[42] Dura Pergament 20 C. B. Welles, Sechster vorläufiger Bericht über die Ausgrabungen von Dura-Europos (Yale University Press 1936), 435. Vgl. dazu Haymann, Die Haftung des Verkäufers für die Beschaffenheit der Kaufsache, 87, San Nicolò, Die Schlußklauseln der altbabylonischen Kauf- und Tauschverträge, 223, Mitteis, Grundzüge der Papyruskunde, 193, Pringsheim, Greek Law of Sale, 463.

[43] Vgl. die im Ind. Itp. I, 344 Genannten.

[44] = CT 3,4,1, vgl. dazu IT: „Cum inter emptorem ac venditorem de mancipii pretio convenerit et fuerit conscripta venditio, nullatenus poterit revocari, nisi forte ille qui emit mancipium probaverit fugitivum, et tunc habebit licentiam pretium recipere, si mancipium reddiderit venditori.“

Papinian, fr. 54 h. t.:

„... si mancipium *bonis condicionibus emptum* fugerit, ..."

Syrisch-römisches Rechtsbuch, 113 b[45]:

„... Wenn es aber passiert, daß der Sklave oder die Sklavin nach dem Hause ihrer ersten Herren fliehen und etwas stehlen, so kann der Käufer den Sklaven oder die Sklavin zurückschicken, und nicht das allein, sondern er kann auch von dem Verkäufer des Sklaven eine τιμή für das, was er gestohlen hat, fordern. Dies kann er aber nur fordern, wenn er mit καλή πρᾶσις gekauft hat; wenn er aber mit schlechtem Vertrag gekauft hat, so kann er weder ihn zurückschicken noch eine Forderung stellen wegen dessen, was er gestohlen hat".

In den griechischen Papyri aus Ägypten wird eine Haftung für Fugitivität entweder nicht erwähnt oder ausdrücklich abgelehnt[46].

Die Gründe für diese Entwicklung sind in der gewaltig angestiegenen Zahl der flüchtigen Sklaven zu suchen[47]. Die Sklavenflucht — begünstigt durch religiöse und wirtschaftliche Faktoren[48] — breitete sich in der späteren Kaiserzeit wie eine Seuche aus[49]. Es ging nicht mehr an, dem Verkäufer das Risiko der Fugitivität uneingeschränkt aufzuerlegen.

Bei Arglist freilich blieb es bei der für das klassische Recht aufgezeigten Rechtslage[50].

---

[45] Übersetzung von Bruns / Sachau, 35.
[46] Nachweise bei San Nicolò, 223 f., Pringsheim, 484 f.
[47] Bellen, 37, 123 f., Manthe, 145.
[48] Bellen, 133 ff., 147 ff.
[49] Bellen, 122.
[50] Vgl. C. 4,58,1: „Si non simpliciter, sed consilio fraudis servum tibi nescienti fugitivum vel alio modo vitiosum quis vendidit, isque idem fugitivus abest, non solum in pretium servi venditorem conveniri ..."

Zusammenfassung

1. „Mortuus redhibetur"

Die Aussage des Edikts der Ädilen über die Redhibitionsleistung beschränkt sich auf die Anordnung „ut id mancipium redhibeatur". Bestimmungen über Störungsfälle bei der Rückgabe sind nur bezüglich der Verschlechterungen der Kaufsache getroffen. Die Regelung der Unmöglichkeit der Rückgabe war also Aufgabe der Juristen. In ihrer Kommentierung zur actio redhibitoria erwähnen sie nun an mehreren Stellen, daß der „Tote redhibiert wird". Eine Begründung geben sie dafür nicht.

Ausgehend von der Vermutung, daß hinter diesem Prinzip eine seit alters bestehende Übereinstimmung stand, die die Begründung entbehrlich machte, zogen wir den für seinen Konservatismus bekannten Sabinus zu Rate[1]. Dieser ordnete das iudicium redhibitorium zu den Einreden ein. Als selbständige Rückabwicklungsklage wurde die actio redhibitoria bei ihm nicht behandelt. Wesentlich war für Sabinus daher zunächst nur, daß der Käufer bei einem ediktsmäßigen Mangel die Zahlung des Kaufpreises verweigern konnte. Diese Einrede ist aber von dem Sachschicksal unabhängig[2]. Allerdings muß der Käufer die Sache herausgeben, sofern er noch in ihrem Besitze ist, damit eine Bereicherung verhindert wird. Bei zufälligem Verlust entfällt jedoch die Bereicherung.

Die jüngeren Juristen dagegen bildeten die actio redhibitoria zu einem beiderseitigen Rückabwicklungsverhältnis aus und gaben dem Käufer auch eine Klage für den bereits gezahlten Kaufpreis[3]. Eine dogmatisch einheitliche Erfassung des Rückabwicklungsverhältnisses erreichten sie jedoch nicht. Sie griffen auf verschiedene rechtliche Gesichtspunkte zurück wie z. B. auf die restituere-Klagen, aber auch auf das vertragliche Synallagma. Gleichzeitig entnahmen sie jedoch auch Regeln aus den aquilischen Klagen[4]. Obwohl die jüngeren Juristen die Abhängigkeit der Verkäuferleistung von der Rückgabe der

---

[1] s. o. S. 50.

[2] Vgl. Glaß, Gefahrtragung und Haftung beim gesetzlichen Rücktritt, 26.

[3] Im jüngeren Jumentenedikt wird nun auch die *beiderseitige* Rückgabe betont, vgl. Ulp. 1. 38 pr. h. t.

[4] s. o. S. 46.

Sklaven mehrfach betonen, halten sie daran fest, daß der Käufer wandeln kann, auch wenn der Sklave untergegangen ist. Dieser überkommene Grundsatz wird nicht angetastet.

Eine andere Entwicklung, die die Wandlungsmöglichkeit beim Untergang darauf zurückführt, daß der Untergang gerade auf dem Mangel beruhte, der zur Wandlung berechtigte, wird zwar beim Fall des verschuldeten Todes angedeutet[5]. Diese Entwicklung bleibt jedoch im Ansatz stecken. Die Folgerung, daß dann nicht mehr jeder Untergang die Wandlung zuläßt, wird nicht gezogen. Ulpian betont vielmehr ausdrücklich, daß jede Todesverursachung erheblich sei[6].

2. „Pro vivo habendus est"

Für den vom Käufer verschuldeten Tod des mangelhaften Sklaven galt die Fiktion „pro vivo habendus est".

Bei der Untersuchung erwies sich die von einem großen Teil der Literatur vertretene Auslegung, daß „pro vivo habendus est" eine Sanktion des Käufers darstelle und zum Ausschluß der Wandlung führe, als unhaltbar und im Widerspruch mit den weiteren Aussagen der Quellen stehend[7]. Durch die Fiktion wird lediglich auf den Perpetuationsgedanken zurückgegriffen, der zu einer Wertersatzpflicht des Käufers führt.

Die Gründe für die Zulassung der Wandlung trotz verschuldeten Todes zeigt Ulpian in dem bereits erwähnten Beispiel, das den Tod und den Mangel in Verbindung bringt. Das Verschulden des Käufers bestand darin, daß er den kranken Sklaven nicht zum Arzt geschickt hat. Daneben läßt Ulpian aber jede Todesverursachung gelten[8]. Dies erscheint aus Beweisgründen sinnvoll und auch nicht unbillig, da der Käufer ja Wertersatz leisten muß.

3. Rechtliche Unmöglichkeit der Rückgabe

Wenn jedoch ein denkbarer Bezug zwischen Unmöglichkeit und Mangel — wie beim Tod des Sklaven — nicht vorliegen kann, lassen die römischen Juristen auch nicht die Wandlung gegen Wertersatz zu. Bei Weiterveräußerung, Verpfändung und Nießbrauchsbestellung kann der Käufer nur wandeln, wenn er die mangelhafte Sache lastenfrei zurückerwirbt.

---

[5] Ulp. l. 31,12 h. t.
[6] Ulp. l. 31,12 h. t.
[7] s. o. S. 42.
[8] s. o. S. 51.

Bei der Freilassung der Sklaven kommt ein weiterer Grund hinzu: Durch die manumissio ist der Sklave gleichsam als fehlerfreier, geheilter Mensch anzusehen, über den nicht einmal mehr die Minderungsklage angestellt werden kann.

Anders als diese Fälle wird aber die noxae deditio behandelt. Der noxae dedierte Sklave kann gewandelt werden. Dies folgt aus der grundsätzlichen Einstandspflicht des Verkäufers für die Delikte des Sklaven, auch soweit diese erst beim Käufer verübt sind.

4. *Fugitivus in fuga*

Neben den Fällen der Veräußerung und Manumission soll nach Aussage der Quellen auch die Flucht des fugitiven Sklaven die Wandlung ausschließen, es sei denn der Verkäufer war arglistig.

Die Fuga stellte sich als Verwirklichung des Mangels der Fugitivität dar wie der Tod beim Kranken, oder die noxae deditio beim noxalbelasteten Sklaven.

Die Einschränkung auf die „scientia" ließ sich als Interpolation nachweisen, die für die Kompilatoren deshalb nötig war, weil das klassische Recht mit einer späteren vorrangigen Kaiserkonstitution in Einklang gebracht werden mußte.

Die Konstitution ließ die Wandlung des fugitivus nur dann zu, wenn der Sklave tatsächlich zurückgegeben wurde. Entscheidend war dabei, daß man in nachklassischer Zeit überhaupt dazu überging — wegen der gewaltig angestiegenen Sklavenflucht — die Wandlung der fugitivi weitgehend einzuschränken.

Für das klassische Recht dagegen galt der Grundsatz, daß der Verkäufer, der für die Fugitivität haftet, auch die Verwirklichung dieses Mangels, d. h. die tatsächliche Flucht — tragen muß.

5. *Schluß*

Der römische Satz „mortuus redhibetur" galt auch für den zufälligen Tod. Insoweit ist der gemeinrechtlichen Doktrin zuzustimmen. Für eine rechtspolitische Argumentation anhand des römischen Rechts darf dieses Prinzip jedoch nicht uneingeschränkt übernommen werden. Vielmehr müssen die besonderen Ausgangsbedingungen, die zur Entstehung und Übernahme des Grundsatzes „mortuus redhibetur" geführt haben, berücksichtigt werden. Denn für das Hauptproblem, wie beim beiderseitigen Rückabwicklungsverhältnis eine gerechte Risikoverteilung vorgenommen werden kann, gibt das römische Recht keine befriedigende Antwort.

Schon vor der Ausbildung dieses Rückabwicklungsverhältnisses hatte sich der auf das einseitige Freiwerden des Käufers abstellende Grundsatz „mortuus redhibetur" derart verfestigt, daß er ernstlich nicht mehr in Frage gestellt wurde. Aber gerade für das beiderseitige Rückabwicklungsverhältnis paßt diese Risikoverteilung nicht mehr. Denn hier muß der Käufer, der den bereits gezahlten Kaufpreis wieder erlangen will, seinerseits den Sklaven zurückgeben. Kann er dies nicht, so bedarf das Fortbestehen seines Rückzahlungsanspruches einer besonderen Begründung, die eine Risikoverteilung voraussetzt. Für diese Entscheidung genügt es nun nicht mehr, allein auf das Freiwerden des Käufers von seiner Kaufpreispflicht abzustellen.

Die in § 350 BGB übernommene Risikoverteilung des römischen Rechts wird nun zum Teil damit gerechtfertigt, daß es dann, wenn schon Gefahrtragungsregeln nicht gerecht sein könnten, jedenfalls besser sei, den schlechtliefernden Gegner mit dem Risiko zu belasten. Beim vertragstreuen Teil dürfe die mangelhafte Vertragserfüllung nicht zum Gefahrübergang führen[9].

Schon der Ausgangspunkt, daß Gefahrtragungsregeln nicht gerecht sein könnten, ist nicht überzeugend. Denn *eine* Gefahrtragungsregel ist sicher sachgemäß und gerecht: „Derjenige, in dessen Obhut sich die Sache befindet, muß grundsätzlich auch den Verlust der Sache tragen." Auch kann die Schlechtlieferung des Verkäufers nicht pauschal die Überwälzung eines Risikos rechtfertigen, das mit ihr logisch nichts zu tun hat.

Eine andere Meinung leitet die Gefahrtragung des Verkäufers aus dem Zweck der Wandlung, den früheren Zustand wieder herzustellen, ab[10]: Bei einem unter der Möglichkeit der Wandlung stehenden Kaufvertrag sei die Sache wirtschaftlich noch der Vermögenssphäre des Verkäufers zugeordnet. Aus den Motiven[11] ergebe sich, daß der Käufer sich durch die Wandlung von der mangelhaften Sache trennen dürfe, als ob der Kauf nicht getätigt worden sei. Daraus sei zwingend die Folge abzuleiten, daß die auf den Käufer übergegangene Gefahr des zufälligen Untergangs wieder auf den Verkäufer zurückgeschoben werde.

Diese auf dem römischen Gedanken der „quasi in integrum restitutio" beruhende Argumentation vernachlässigt jedoch einen wesentlichen Gesichtspunkt: Soweit die Römer die Wiederherstellung des

---

[9] Vgl. Glaß, Gefahrtragung und Haftung beim gesetzlichen Rücktritt, 28 ff., 98 ff., 137 ff.

[10] Vgl. Weitnauer, NJW 1967, 2314 (Anm. zu OLG Frankfurt v. 9. 12. 66) und NJW 1970, 638 (Anm. zu BGH 53, 144 ff.).

[11] Motive II, 282.

ursprünglichen Zustandes als Zweck der actio redhibitoria ansehen, betonen sie immer auch die *Beiderseitigkeit* dieses Zweckes. Käufer *und Verkäufer* sollen so stehen, als sei der Kaufvertrag nicht abgeschlossen. Daß der Käufer daher den Verlust, der bei ihm eingetreten ist, auf den Verkäufer abwälzen kann, folgt daraus gerade nicht. Darüber hinaus läßt jedoch auch die Struktur des Rückabwicklungsverhältnisses diese Argumentation nicht zu. Denn der Kauf bleibt wirksam bis zur Erklärung der Wandlung. Die Sache kann nicht so behandelt werden, als wäre sie nie in das Vermögen des Käufers übergegangen.

Eine neuere Meinung[12] will § 350 BGB nur für die Fälle höherer Gewalt aufrechterhalten. Für „freie Handlungen" des Käufers liege dagegen das Risiko beim Käufer. Eine solche freie Handlung des Käufers liege z. B. dann vor, wenn der Käufer den mangelhaften Wagen benutzt und ihn damit bewußt den Risiken des Straßenverkehrs aussetze. Die im eigenen Interesse getroffenen Dispositionen gingen auf seine eigene Gefahr. Diese verwirkliche sich für ihn, wenn er einen auch nur unverschuldeten Unfall erleidet.

Die Einschränkung hinsichtlich der freien Handlungen vernachlässigt jedoch allzusehr den Gesichtspunkt, daß es sich auch bei dem Einsatz des Wagens im Straßenverkehr nur um den vertragsgemäßen Gebrauch handelt. Anders kann der Käufer die ihm zustehende Nutzungsmöglichkeit nicht realisieren. Der vertragsmäßige Gebrauch kann dem Käufer aber nicht untersagt werden. Auch führt das Kriterium der Vermögensentscheidung des Käufers nicht immer zu praktikablen Ergebnissen. Eine freie Disposition liegt doch auch dann vor, wenn der Käufer den Wagen in eine Garage stellt, die anschließend abbrennt. Die reine Zufallsverteilung erscheint hier klarer und sachgemäßer: Entweder trägt der Käufer oder der Verkäufer allgemein das Zufallsrisiko, dann aber auch, wenn sich dieses Risiko erst beim Gebrauch der Sache verwirklicht.

Nach allgemeinen Erwägungen muß aber das Risiko den *Käufer* treffen: Er ist Gewahrsamsinhaber und hat alleine die Einwirkungsmöglichkeit auf die Sache. Ein stichhaltiger Grund zur Überwälzung der Zufallsgefahr auf den Verkäufer besteht nicht. Grundsätzlich muß der Käufer die Gegenleistung zurückgeben, um seine Leistung zurückzuerlangen. Kann er dies nicht, so muß er den Schaden selbst tragen. Aus diesem Eigenverlust kann er keinen Fremdverlust machen. Hierin wäre eine unangemessene und durch die Sachlage nicht gerechtfertigte Be-

---

[12] Flume, Die Entreicherungsgefahr und die Gefahrtragung bei Rücktritt und Wandlung, NJW 1970, 1161, v. Caemmerer, „Mortuus redhibetur", Festschrift Larenz, 621 ff., Leser, Rücktritt, 281 f., 289 f.

lastung für den Verkäufer zu sehen, der primär nach der Wandlung wegen des Mangels nur auf die Vorteile des Geschäfts verzichten muß. Ihm unterschiedlos das Risiko für den Untergang der Sache aufzubürden, ohne daß dieser Untergang mit dem Mangel logisch in Verbindung zu bringen wäre, erscheint nicht tragbar.

Für die rechtshistorische Diskussion muß beachtet werden, daß die Römer bereits einen Weg betreten haben, der zwangsläufig zur Aufgabe oder Einschränkung des „mortuus redhibetur"-Satzes hätte führen müssen. Denn sie bildeten die Redhibition zum beiderseitigen Rückabwicklungsverhältnis mit ex nunc Wirkung aus und machten das Recht des Käufers von der Rückgabe abhängig. Wenn im beiderseitigen Rückabwicklungsverhältnis aber die eine Seite nicht leisten kann, so muß sie grundsätzlich dieses Risiko selbst tragen. Diesen letzten Schritt haben die Römer jedoch nicht unternommen. Das liegt aber nicht daran, daß sie hier eine besondere Risikoverteilung für das Rückabwicklungsverhältnis ausgebildet haben, sondern an der nicht hinterfragten Übernahme einer Gefahrverteilung aus einem anderen Wandlungsverständnis. Für das beiderseitige Rückabwicklungsverhältnis verliert der römische Grundsatz „mortuus redhibetur" daher an Stringenz.

Die stehengebliebene Entwicklung der Wandlung im römischen Recht enthält jedoch im Ansatz bereits die Richtung für die Fortbildung der Risikoverteilung. Denn *ein* Prinzip lassen die kasuistischen Entscheidungen der Römer deutlich erkennen: Die Zulässigkeit der Wandlung bei Unmöglichkeit der Rückgabe steht in engem Zusammenhang mit dem zur Wandlung berechtigenden Mangel. Daß die Redhibitionsstörung auf dem Mangel beruhte, wird beim Tod zwar nur für den Fall des Verschuldens des Käufers angedeutet. Für die noxae deditio und insbesondere für die Flucht, bei der die Tendenz zur Einschränkung des Verkäuferrisikos im übrigen am klarsten hervortritt, gilt dieses Prinzip jedoch ohne Vorbehalt. Danach bliebe die Wandlung nur noch zulässig, wenn die Unmöglichkeit gerade auf dem Mangel beruhte.

Für die Frage der Ausschlußlösung oder des Wertersatzes in den Fällen, in denen der Käufer das Risiko trägt, ist das römische Recht nur eingeschränkt verwertbar. Einerseits lassen die Römer beim verschuldeten Untergang im Gegensatz zur Lösung des § 351 BGB die Wertersatzleistung des Käufers zu. Bei anderen Fällen, insbesondere der Weiterveräußerung, kommen sie jedoch zum Ausschluß der Wandlung. Ob an dieser Differenzierung festzuhalten ist, erscheint fraglich. Erkennt man nämlich die Wandlung als gegenseitiges Rückabwicklungsverhältnis an, so müssen auf dieses Verhältnis auch die allgemeinen schuldrechtlichen Grundsätze Anwendung finden. Die Käuferverpflichtung bei der Rückgabe unterscheidet sich von der allgemeinen

Schuldverpflichtung nur darin, daß von Verschulden im eigentlichen Sinne nicht gesprochen werden kann, solange der Käufer noch nicht weiß, daß er wandeln kann. Daher wird anstelle der Schadensersatzpflicht des Käufers nur die Wertersatzpflicht treten. Im übrigen ist aber die „verschuldete" Unmöglichkeit aus objektiven und aus subjektiven Gründen gleich zu behandeln, d. h. auch bei Weiterveräußerung muß die Wertersatzpflicht des Käufers eingreifen.

Die Wertersatzpflicht muß aber auch in den Fällen eingreifen, in denen der Käufer nur das Risiko des *zufälligen Untergangs* trägt, d. h. wenn der Untergang nicht auf dem Mangel beruhte. In diesen Fällen die Wandlung überhaupt für unzulässig zu erklären und damit den Käufer in Höhe des Überpreises alleine zu belasten, wäre mehr als ungerecht, wenn er schon bei „verschuldetem" Untergang Wertersatz leisten kann.

Im Ergebnis muß daher für alle Fälle, in denen der Verkäufer das Risiko des Untergangs nicht trägt, dem Käufer die Wertersatzleistung offenstehen, damit er nicht gezwungen ist, eine Sache, die er wegen des Mangels so nicht haben will, endgültig zu behalten.

Literaturverzeichnis

Accursius: Glossa in Codicem = Neudr. Augusta Taurinorum 1968, Corpus Glossatorium Juris Civilis X.

— Glossa in Digestum vetus = Neudr. August Taurinorum 1969, Corpus Glossatorium Juris Civilis VII.

Affolter, F. X.: Das römische Institutionensystem, sein Wesen und seine Geschichte, Heidelberg 1897.

Albertario, E.: Procurator unius rei, Pavia 1921.

— Studi di diritto romano, 3. Band: Obbligazioni, Mailand 1936.

Angelini, P.: Il procurator, Mailand 1971.

Arangio-Ruiz, V.: La compravendita in diritto romano, 2. Band, Neapel 1954.

— Istituzioni di diritto romano, 14. Aufl., Neapel 1960.

— Il mandato in diritto romano, Neapel 1949.

— Responsabilità contrattuale in diritto romano, 2. Aufl., Neapel 1933, (Neudr. 1958).

Azo: Lectura super Codicem = Neudr. Augusta Taurinorum 1966, Corpus Glossatorium Juris Civilis III.

— Summa super Codicem = Neudr. Augusta Taurinorum 1966, Corpus Glossatorium Juris Civilis II.

Basilicorum libri LX: Ausgabe Heimbach, G. E., 6 Bde., Leipzig 1833 - 70, neue Ausg. begonnen von Scheltema, H. J. u. a., Haag, seit 1953.

Bechmann, A.: Der Kauf nach gemeinem Recht, 3 Bde., Erlangen und Leipzig 1876 - 1905, 3. Bd. 2. Hälfte hrsg. von Oertmann, P. 1908 (Neudr. Aalen 1965).
 zit.: Bechmann, Kauf I, II, III 1, 2.

Bekker, E.: System des heutigen Pandektenrechts, 2. Bd., Weimar 1886 - 1889.

Bellen, H.: Studien zur Sklavenflucht im römischen Kaiserreich, Wiesbaden 1971.

Bellerstein, L.: Die Rückgabe der verkauften Sache in Fällen der actio redhibitoria, Diss. Erlangen 1896.

Benöhr, H. P.: Das sogenannte Synallagma in den Konsensualkontrakten des klassischen römischen Rechts, Hamburg 1965.

Bergmann-Weidenbach, K.: Die Risikoverteilung bei der Rückabwicklung von Leistungen nach Rücktrittsrecht, Diss. Mannheim 1976.

v. Beseler, G.: Beiträge zur Kritik der römischen Rechtsquellen, 3. Bd., Tübingen 1913.

— Einzelne Stellen, SZ 45 (1925), 44, SZ 47 (1927), 355.

— Romanistische Studien, TR 8 (1928), 279.

Bethmann-Hollweg, M. A.: Der Civilprozeß des gemeinen Rechts in geschichtlicher Entwicklung, 2. Bd.: Formulae, Bonn 1865 (Neudr. Aalen 1959).

Betti, E.: „Periculum" problema del rischio contrattuale in diritto romano classico e giustinianeo, Studi de Francisci, 1. Bd. (Mailand 1956), 131.

— Urteilsanmerkung zu Corte di Cassazione, 10. 12. 1924, in: Rivista del diritto commerciale e del diritto generale delle obbligazioni II (1925), 335.

Binding, K.: Die Normen und ihre Übertretung. Eine Untersuchung über die rechtmäßige Handlung und die Arten des Delikts, 2. Bd.: Schuld und Vorsatz, 2. Aufl., Leipzig 1914 - 1916 (Neudr. Aalen 1965).
zit.: Binding, Normen II.

Biondi, B.: Le actiones noxales nel diritto romano classico, Corbona 1925.

— Besprechung von Études histoire juridique offertes à Girard par ses élèves (Paris 1913), in: Bull. 29 (1916), 223.

— Studi sulle actiones arbitrariae e l'arbitrium iudicis, Palermo 1913 (Neudr. Rom 1970).
zit.: Biondi, Actiones arbitrariae.

Buckland, W. W.: The roman law of slavery, Cambridge 1908 (Neudr. New York 1969).

Bülow, O.: Civilprozessualische Fiktion und Wahrheiten, AcP 62 (1879), 1.

Bullettino dell'Istituto di Diritto Romano „Vittorio Scialoja", Roma, Bd. 1 (1888).
zit.: Bull.

Bund, E.: Untersuchungen zur Methode Julians, Köln - Graz 1965.

v. Caemmerer, E.: „Mortuus redhibetur", Bem. zu den Urteilen BGHZ 53, 144 und 57, 137, in: Festschrift für Larenz, München 1973.

Cannata, C. A.: Appunti sulla impossibilità sopravvenuta e la „culpa debitoris" nelle obbligazioni da „stipulatio in dando", SDHI 32 (1966, 63.

Carpzov, B.: Opus decisionum, 3. Bd., Leipzig 1660.

Chiazzese, L.: Jus iurandum in litem, Mailand 1958.

Conze, H.: Der Einfluß einer Verfügung des Käufers über die Kaufsache auf die ädilizischen Rechtsmittel, Diss. Berlin 1903.

Cuiacius: Opera postumora V sive recitationes solemnes ad Codicem Justinianum, Paris 1658.

Dernburg, H.: Pendekten, 2. Bd., 6. Aufl., Berlin 1900.

Donellus, H.: Opera omnia cum notis Osualdo Hilligero, 10. Bd.: Commentariorum in selectos quosdam titulos Digestorum, Lucae 1767.

Ebrard, F.: Beamtenpflicht und Sorgfaltspflicht im Ausdruck operam dare, SZ 46 (1926), 144.

Eck, E.: Beitrag zur Lehre von den ädilizischen Klagen. 1. Die Statthaftigkeit der ädilizischen Klagen trotz Verfügung des Käufers über die Sache. 2. Das Ziel der actio redhibitoria, in: Festgabe für Beseler (Berlin 1885), 159.

Ehrhard, A.: Litis aestimatio im römischen Formularprozeß, München 1934.

Eisele, F.: Beiträge zur Erkenntnis der Digesteninterpolationen, SZ 11 (1890), 1.

Entscheidungen des Reichsoberhandelsgerichts: hrsg. von den Räthen des Gerichtshofes, Bd. 1 - 25, Leipzig 1871 f.
zit.: ROHG.

Ermann, W.: Besprechung von Leonhard, Die Replik des Prozeßgewinns (Breslau 1905), in: SZ 27 (1906), 405.

Faber, A.: Coniecturae iuris civilis, Köln 1630.

Feenstra, R.: Besprechung von Levy, Weströmisches Vulgarrecht: Das Obligationenrecht (Weimar 1956), in: SZ 74 (1957), 500.

Flessner, A.: Wegfall der Bereicherung — Rechtsvergleichung und Kritik, Tübingen 1970.

Fischer, H. A.: Fiktionen und Bilder in der Rechtswissenschaft, AcP 117 (1919), 143.

Flume, W.: Zum römischen Kaufrecht, SZ 54 (1934), 328.

Fuller: Legal fiction, Stanford Calif. 1967.

Gellius, A.: Noctes atticae, 4. Buch, hrsg. und übers. von Weiss, F., Leipzig 1875 (Nachdr. Darmstadt 1965).

Genzmer, E.: Der subjektive Tatbestand des Schuldnerverzugs im klassischen römischen Recht, SZ 44 (1924), 86.

Gesterding, F. C.: Sieben Abhandlungen aus der Lehre vom Edikt der Ädilen über verkäufliche Gegenstände und besonders von der actio redhibitoria, Zeitschrift für Civilrecht und Prozeß 6 (1866), 1.

Glaß, E.: Gefahrtragung und Haftung beim gesetzlichen Rücktritt, Berlin 1959.

Glück, D. C. F.: Ausführliche Erläuterungen der Pandekten nach Hellfeld, 20. Teil, 1. Abt., Erlangen 1819.
zit.: Glück, Pandekten XX.

Grosso, G.: Il tradizionalismo dei giuristi, Annali Catania 6/7 (Mailand 1953), 1.

Guarneri Citati: Di un criterio postclassico per la determinazione della res iudicata, Bull. 33 (1923), 221.

Hanausek, G.: Die Haftung des Verkäufers für die Beschaffenheit der Ware nach römischem und gemeinem Recht mit besonderer Berücksichtigung des Handelsrechts, 2 Abteilungen, Berlin 1883 - 1884.
zit.: Hanausek, Haftung I, II.

Hasse, H. C.: Die culpa des römischen Rechts, 2. verm. Aufl. bes. von Bethmann-Hollweg, Bonn 1838 (Neudr. Aalen 1963).

Haymann, F.: Anfechtung, Sachmängelgewähr und Vertragserfüllung beim Kauf, Berlin 1913.

— Die Haftung des Verkäufers für die Beschaffenheit der Kaufsache, Bd. 1, Berlin 1912.

— Textkritische Studien zum römischen Obligationenrecht, SZ 41 (1920), 44.

Heldrich, K.: Besprechung von Biondi, Le actiones noxales nel diritto romano classico (Cortona 1925), in: SZ 46 (1926), 424.

Herdlitczka, A. F.: Zur Lehre vom Zwischenurteil (pronuntiato) bei den sogenannten actiones arbitrariae, Wien 1930.

Heumann / Seckel: Heumanns, H. Handlexikon zu den Quellen des römischen Rechts, in 9. Aufl. neu bearb. von Seckel, E., 11. Aufl., Graz 1971.
zit.: Heumann / Seckel, Handlexikon.

Honsell, H.: Gefahrtragung und Schadensersatz bei arglistiger Täuschung, MDR 1970, 717.

Huvelin, R.: Études sur le furtum dans le très ancien droit romain, 1. Teil, Lyon - Paris 1915 (Neudr. Rom 1968).

Impallomeni, G.: L'editto degli edili curuli, Padua 1955.

Index Interpolationum quae in Iustiniani Digestis inesse dicuntur: hrsg. von Mitteis, L., Levy, E., Rabel, E. u. a. Bd. 1 zu Dig. 1 - 20, Weimar 1929; Bd. 2 zu Dig. 21 - 35, Weimar 1931.
zit.: Ind. Itp.

v. Jhering, R.: Geist des römischen Rechts auf den verschiedenen Stufen seiner Entwicklung Bd. 3, 8./9. Aufl., Berlin 1888 (Neudr. Darmstadt 1953).

Karlowa, O.: Römische Rechtsgeschichte, 2 Bde. Leipzig 1885 - 1901.
zit.: Karlowa, RRG I, II.

Kaser, M.: Besitz und Verschulden bei den dinglichen Klagen, SZ 51 (1931), 92.

— Besprechung von Maier, Prätorische Bereicherungsklagen (Berlin, Leipzig 1932), in: Kritische Vierteljahresschriften für Gesetzgebung und Rechtswissenschaft, 3. Folge (1935), 74.

— Zum Ediktsstil, Festschrift Schulz, 2. Bd., (Weimar 1951), 21.

— „Perpetuari obligationem", SDHI 46, 87 ff.

— Restituere als Prozeßgegenstand. Die Wirkungen der litis contestatio auf den Leistungsgegenstand im römischen Recht, 2. durchges. Aufl. mit Nachtr., München 1968.

— Das römische Privatrecht, 2 Bde., 2. neubearb. Aufl., München 1971 - 1975.
zit.: Kaser, RP I, II.

— Römische Rechtsgeschichte, 2. neubearb. Aufl., Göttingen 1967.
zit.: Kaser, RRG.

— Das römische Zivilprozeßrecht, München 1966.
zit.: Kaser, RZ.

Kaufmann, E.: Welchen Einfluß hat eine vom Käufer vorgenommene Verfügung über die Kaufsache auf die ädilizischen Rechtsmittel? Diss. Rostock 1901.

Kemmerich, F.: Die Gewährleistungspflicht des Verkäufers wegen Mängel der Sache nach gemeinem Recht und dem BGB, Diss. Erlangen 1899.

Kempkes, J.: Wird durch Verfügung des Käufers über die mangelhafte Sache die actio redhibitoria ausgeschlossen? Diss. Erlangen 1897.

Kieschke, F. M.: De aediliciarum actionum doctrina secundum hodiernum ius romanum ac recentiores germaniae legislationes, Diss. Regimonti 1873.

Kniep, F.: Die mora des Schuldners nach römischem und heutigem Recht, 2. Bd., Jena 1905.

Knütel, R.: Contrarius consensus, Köln, Graz 1968.

Krüger, H.: Besprechung von Schloßmann, Litis contestatio (Leipzig 1905), in: SZ 26 (1905), 541.

Kunkel, W.: Diligentia, SZ 45 (1925), 266.

v. Langenn, F. A. / *Kori*, A. S.: Erörterungen praktischer Rechtsfragen aus dem gemeinen und sächsischen Civilrechte und Civilprocesse mit Beziehung auf die darüber vom Königl. Sächs. vormaligen Appellations- und nunmehrigen Oberappellations-Gericht ertheilten Entscheidungen, 2. Teil, 2. verb. und verm. Aufl., Leipzig 1850.

Lenel, O.: Beiträge zur Kunde des prätorischen Edikts, Stuttgart 1878.

— Culpa lata und culpa levis, SZ 38 (1917), 263.

— Das Edictum perpetuum. Ein Versuch seiner Wiederherstellung, 3. Aufl., Leipzig 1927 (2. Neudr. Aalen 1974).
  zit.: Lenel, EP.

— Palingenesia iuris civilis, 2. Bd., Leipzig 1889 (Neudr. Graz 1960).

— Das Sabinussystem, Festgabe v. Jhering zu seinem Doktorjubiläum (Straßburg 1892), 8.

Lepenau, C.: Die Rückgabe der verkauften Sache gemäß der actio redhibitoria nach gemeinem Civilrecht, Diss. Göttingen 1890.

Leser, H. G.: Der Rücktritt vom Vertrag, Abwicklungsverhältnis und Gestaltungsbefugnisse bei Leistungsstörungen, Tübingen 1975.

— Von der Saldotheorie zum faktischen Synallagma, Diss. Freiburg 1956.

Levy, E.: Die Konkurrenz der Aktionen und Personen im klassischen römischen Recht, 1. Bd., Berlin 1918 (Neudr. Aalen 1964).

— Zur Lehre von den sog. actiones arbitrariae, SZ 36 (1915), 1.

— Zur nachklassischen in integrum restitutio, SZ 68 (1951), 360.

— Weströmisches Vulgarrecht, Das Obligationenrecht, Weimar 1956.

Livius, T.: Ab urbe condita, Liber 6, Neudr. Clarendon 1969.

v. Lübtow, U.: Beiträge zur Lehre von der condictio nach römischem und geltendem Recht, Berlin 1952.

Maier, G. H.: Prätorische Bereicherungsklagen, Berlin - Leipzig 1932.

Manthe, U.: Zur Wandlung des servus fugitivus, TR 44 (1976), 133.

Medicus, D.: Zur Funktion der Leistungsunmöglichkeit im römischen Recht, SZ 86 (1969), 67.

— Id quod interest, Studien zum römischen Recht des Schadensersatzes, Köln, Graz 1962.

Mevius, D.: Decisiones super causis praecipuis ad praedictum tribunal regium delatis. Tom. IV: Vizzanius, C. E.: De mandatis principium, Amstelaedami, 1657.

Mitteis, L.: Besprechung von Partsch, De l'édit sur alienatio iudicii mutandi causa facta (Genf 1909), in: SZ 30 (1909), 451.

— Grundzüge und Chrestomathie der Papyruskunde, 2. Teil. 1. Abt., Leipzig 1912.

— Römisches Privatrecht bis auf die Zeit Diokletians, Bd. 1, Leipzig 1908.

Mommsen, Th.: Beiträge zum Obligationenrecht, 1. Abt.: Die Unmöglichkeit der Leistung in ihrem Einfluß auf obligatorische Verhältnisse, Braunschweig 1853.
zit.: Mommsen, Beiträge zum Obligationenrecht I.

— Römisches Staatsrecht, 2. Bd., 3. Aufl., Leipzig 1887 (Neudr. Tübingen 1952).

— Römisches Strafrecht, Leipzig 1899 (Neudr. Darmstadt 1955).

Monier, R.: La garantie contre les vices cachés dans la vente romaine, Paris 1930.

Nardi, E.: Studi sulla ritenzione in diritto romano, 1. Bd., Mailand 1947.

Oberappellations-Gericht Darmstadt: Erk. vom 3. 2. 1854, Seuff. Arch. VII (1854), Nr. 296.

Oberappellations-Gericht Dresden: Erk. vom 16. 2. 1847, Seuff. Arch. II (1848), Nr. 170.

Partsch, J.: De l'édit sur alienatio iudicii mutandi causa facta, Genf 1909.

Paulys Realencyclopädie der classischen Altertumswissenschaften: neue Bearb. beg. von Wissowa, G., hrsg. von Kroll, W., 14. Halbbd., Stuttgart 1912.
zit.: RE.

Pernice, A.: Labeo, Römisches Privatrecht im ersten Jahrhundert der Kaiserzeit, 2. Bd., Abt. 1 und 2, 2. Aufl., Halle 1895 (Neudr. Aalen 1963).
zit.: Pernice, Labeo II 1, 2.

Peters, F.: Die Rücktrittsvorbehalte des römischen Kaufrechts, Köln - Wien 1973.

Pringsheim, F.: Das Alter der ädilizischen actio quanti minoris, SZ 69 (1952), 234.

— The decisive moment for Aedilician liability, Ges. Abh. 2. Bd. (Heidelberg 1961), 171.

— Ius aequum et strictum, SZ 42 (1921), 643.

— The Greek Law of Sale, Weimar 1950.

— Symbol und Fiktion in antiken Rechten, Studi de Francisci, 4. Bd. (Mailand 1955), 211.

Rabel, E.: Besprechung von Albertario, Procurator unius rei (Pavia 1921), in: SZ 46 (1926), 472.

— Origine de la règle „impossibilium nulla obligatio", Mélanges Gérardin (Paris 1907), 473.

— Die Unmöglichkeit der Leistung. Eine krit. Studie zum Bürgerlichen Gesetzbuch, Festschrift für Bekker (Weimar 1907), 171.

Regelsberger, F.: Pandekten, 1. Bd., Leipzig 1893.

Roßner, A.: Der Einfluß einer Veräußerung und Zwangsvollstreckung des Schuldgegenstandes auf Rücktritts- und Wandelungsrecht, Diss. Erlangen 1911.

Rudorff, A. A. F.: Edicti perpetui quae reliqua sunt, Leipzig 1869.
zit.: Rudorff, EP.

— Über die Litiscrecenz, Zeitschr. für geschichtliche Rechtswissenschaft, 14 (1848), 287.

San Nicolò, M.: Die Schlußklauseln der altbabylonischen Kauf- und Tauschverträge, München 1922.

v. Savigny, F. C.: System des heutigen Römischen Rechts, 5. Bd., Berlin 1841.

Schindler, K.-H.: Justinians Haltung zur Klassik, Köln - Graz, 1966.

Schipani: Responsabilità del convenuto per la cosa oggetto di azione reale, Turin 1971.

Schloßmann, S.: Der Besitzerwerb durch Dritte nach römischem und heutigem Recht, Leipzig 1881.

Schulz, F.: Einführung in das Studium der Digesten, Tübingen 1916.

— Prinzipien des römischen Rechts, München - Leipzig 1934 (Neudr. 1954).

— Sabinus-Fragmente in Ulpians Sabinus-Commentar, Halle 1906.

Seckel, E.: Die Gefahrtragung beim Kauf im klassischen römischen Recht, aus dem Nachlaß hrsg. und bearb. von Levy, SZ 47 (1927), 117.

Serrao, F.: Il procurator, Mailand 1947.

Siber, H.: Römisches Recht in Grundzügen für die Vorlesung, 2. Bd.: Römisches Privatrecht, Berlin 1928.
zit.: Siber, RP.

Sintenis, K. F. F.: Das practische gemeine Civilrecht, 2. Bd.: Das Obligationenrecht, 3. verb. Aufl. Leipzig 1868.

Solazzi, S.: Scritti di diritto romano, 3. Bd., Neapel 1960.

Stoll, H.: Die formlose Vereinbarung der Aufhebung eines Vertragsverhältnisses im römischen Recht, SZ 44 (1924), 1.

Syrisch-Römisches Rechtsbuch: hrsg. von Bruns, K. G. und Sachau, E., Leipzig 1880 (Neudr. Aalen 1961).

Thibaut, A. F. J.: System des Pandektenrechts, 1. Bd., 6. Aufl., Jena 1823.

Thielmann, G.: „Actio redhibitoria" und zufälliger Untergang der Kaufsache, Studi Volterra, E., 2. Bd. (Mailand 1971), 487.

— Die römische Privatauktion, Zugleich ein Beitrag zum römischen Bankierrecht, Berlin 1961.

Tijdschrift voor Rechtsgeschiedenis: = Revue d'histoire du droit = The legal history review, Haarlem, 1 (1918/1919) ff.
zit.: TR.

Treitschke, G. C.: Der Kaufcontract in besonderer Beziehung auf den Waarenhandel nach römischem Rechte und den wichtigsten neueren Gesetzgebungen, 2. erw. und verb. Aufl., bearb. von Wengler, F. A., Gera 1865.
zit.: Treitschke, Der Kaufcontract.

Unterholzner, K. A. D.: Die Lehre des römischen Rechts von den Schuldverhältnissen mit Berücksichtigung der heutigen Anwendung, 2. Aufl., Leipzig 1840.

— Von dem Verkauf mangelhafter Sachen, AcP 6 (1823), 60.

Vassalli: Dies vel condicio, Bull. 27 (1914), 192.

Vincent, H.: Droit des édiles, Paris 1922.

de Visscher, F.: Le régime romain de la noxalité, Brüssel 1947.

Voigt, M.: Über das Aelius- und Sabinussystem, Abhandl. der philol.-histor. Klasse der königl. sächs. Gesellsch. der Wissenschaften VII (1879), 319.

— Die Lehre vom ius naturale, aequum et bonum und ius gentium der Römer, 3. Bd., Leipzig 1875.

Weitnauer, H.: Der arglistig getäuschte Käufer, Urteilsanmerkung zu BGH, Urt. v. 8. 1. 1970, NJW 1970, 637.

— Urteilsanmerkung zu OLG Frankfurt, Urt. v. 9. 12. 1966, NJW 1967, 2314.

Watson, A.: Contract of mandate in roman law, Oxford 1961.

Welles, C. B.: The parchments and papyri, Dura Pergament 20. C. B., 6. vorl. Bericht über die Ausgrabungen von Dura-Europos, New Haven Yale University Press 1936.

Wenger, L.: Quellen des römischen Rechts, Wien 1953.

Wesel, U.: Zur dinglichen Wirkung der Rücktrittsvorbehalte des römischen Kaufs, SZ 85 (1968), 94.

Westphal: Lehre des gemeinen Rechts vom Kauf, Pacht, Mieth- und Erbzinskontract, der Cession, auch der Gewähr des Eigentums und der Mängel, Leipzig 1789.

Windscheid, B.: Lehrbuch des Pandektenrechts 2. Bd., 9. Aufl., bearb. von Kipp, Th., Frankfurt 1906.
zit.: Windscheid, Pandekten II.

Wlassak, M.: Der Judikationsbefehl der römischen Prozesse, Wien 1921.

— Römische Prozeßgesetze, 2. Bd., Leipzig 1891.

Wollschläger, C.: Die Entstehung der Unmöglichkeitslehre, Köln - Wien 1970.

v. Wyss, P. F.: Die Haftung für fremde culpa nach römischem Recht, Zürich 1867.

Zeitschrift der Savigny Stiftung für Rechtsgeschichte, Romanistische Abteilung, Weimar, 1 (1880) ff.
zit.: SZ.

Printed by Libri Plureos GmbH
in Hamburg, Germany